Günter Harnisch

Wie Kinder innerlich zur Ruhe kommen

Band 4660

Das Buch

Kinder haben ein großes Bedürfnis nach Stille und innerer Ruhe wie eine heimliche Sehnsucht nach dem verlorengegangenen Paradies. Mit Hilfe von Fantasiereisen lernen Kinder nicht nur, sich für eine halbe Stunde ruhig zu verhalten, sondern es geschieht etwas mit ihnen, das sie tief in ihrer Seele berührt und von Streß, Ängsten, Unruhe, Traurigkeit, Minderwertigkeitsgefühlen und Selbstzweifel befreit. Die Begegnung mit dem Krafttier, die Erkundung eines Märchenschlosses, das Erlebnis mit einem Delphin unter Wasser, das Versteck in einem hohlen Baum, Abenteuer auf dem Meer, die Besteigung eines hohen Berges mit weiter Aussicht, der Rückzug auf eine einsame Insel, der Besuch in einem Indianerdorf, in einem Zauberland oder auf einem uralten Dachboden: All diese kindgemäß ausformulierten Fantasiereisen sind gewissermaßen die Projektionsfläche, vor deren Hintergrund das Kind seine heilen Kräfte, seine gesunden, lebenstüchtigen Anteile entdecken und spüren kann. In tiefer Entspannung kommt das Kind mit sich in Harmonie, findet zu seinem Eigenen, wird beruhigt, tief glücklich und findet auf neue und gesunde Art seinen Platz im Leben.

Der Autor

Dr. Günter Harnisch, Jahrgang 1936, studierte Rechtswissenschaft, Pädagogik, Psychologie, Theologie und Didaktik der deutschen Sprache in Münster und Freiburg. Er ist Leiter der *Gesellschaft für Traumforschung und -therapie*, hat langjährige Erfahrung mit therapeutischer Traumarbeit, arbeitet mit Eltern und Kindern einzeln, in Gruppen, in Seminaren und Workshops.
Außerdem bei Herder lieferbar: *Das große Traumlexikon. Traumsymbole von A–Z psychologisch gedeutet, „Die Botschaft der Angstträume"* und *„Was Kinderträume sagen"*, Herder Spektrum Band 4378.

Günter Harnisch

Wie Kinder innerlich zur Ruhe kommen

Fantasiereisen für Kinder
mit ihren Eltern

Herder

Freiburg · Basel · Wien

Gedruckt auf umweltfreundlichem,
chlorfrei gebleichtem Papier

Originalausgabe

Alle Rechte vorbehalten – Printed in Germany
© Verlag Herder Freiburg im Breisgau 1998
Satz: DTP-Studio Helmut Quilitz, Denzlingen
Herstellung: Freiburger Graphische Betriebe 1998
Umschlaggestaltung: Joseph Pölzelbauer
Umschlagmotiv: © G + J Fotoservice
ISBN 3-451-04660-1

Inhalt

III Fantasiereisen

Die Entspannungsübung zu Beginn jeder Fantasiereise   39

I Kinder brauchen Fantasiereisen

Vorlesen bringt Eltern und Kinder einander näher

Die Fantasiereisen in diesem Buch sind Geschichten zum Träumen und zum Entspannen, auch dort, wo es vordergründig um Abenteuerliches geht. Für Kinder führt der Weg zur Entspannung oft über die Anspannung. Erst wenn sie Lebendigkeit voll spüren konnten, sind sie bereit, Ruhe anzunehmen. Jeder kann sich die Geschichten auswählen, die gerade seiner augenblicklichen Stimmung und seinen emotionalen Bedürfnissen entspricht.

Unsere Welt ist nüchtern geworden und oftmals kalt. Die Fantasiereisen dieses Buchs wollen dazu beitragen, daß wieder mehr emotionale Wärme zwischen Eltern/Erwachsenen und Kindern entsteht. Allein schon das Vorlesen dieser Geschichten bringt die Familie einander näher. Ebenso bringt es mehr emotionale Wärme und Geborgenheit in alle Gruppen, in denen Erwachsene und Kinder zusammenkommen, in Kindergärten ebenso wie in Schulen und im kirchlichen Bereich.

Dieses Buch bietet seinen großen und kleinen Leserinnen und Lesern bewußt viel Freiraum zum Mitgestalten. Sie können jede der darin enthaltenen Reisen in das Land der Fantasie aus der Kraft ihres eigenen Unbewußten heraus weiter entfalten oder ihre Erzählrichtung nach ihren Wünschen und Bedürfnissen verändern. Niemandem sollen hier vorgegebene Inhalte aufgepfropft werden. Vielmehr geht es darum, die Leserinnen und Leser, Kinder wie Erwachsene, möglichst weit mit in das Fantasiegeschehen hineinzunehmen. Auf diese Weise erhalten sie die Möglichkeit, ihre ganz persönlichen Reisen in das Land der Fantasie zu erleben. So entsteht eine äußerst lebendige Beziehung zwischen dem Erzähler der Fantasiereisen und denjenigen, die auf Fantasiereisen gehen. Und so entfalten die Fantasiereisen am besten ihre Kraft zu Heilung und zu innerem Wachstum unserer Persönlichkeit.

Solange Kinder noch verhältnismäßig jung sind, ist die Kraft ihrer schöpferischen Fantasie meist noch sehr lebendig in ihnen vorhanden. Aber dann kommt eine Zeit, in der ausschließlich der Verstand gefragt ist, weil angeblich nur er zur Bewältigung all der Probleme taugt, denen wir in unserem Leben begegnen. Doch in Wahrheit lösen diejenigen ihre Probleme am besten, die dabei auf die unerschöpfliche Kraft ihrer Fantasie zurückgreifen können.

Dieses Buch will helfen, den Weg zur Quelle unserer Fantasie und unserer Schöpfungskraft dort wieder freizulegen, wo er eingeengt oder verschüttet ist.

Reisen ohne Ortsveränderung

Reisen ist ein uraltes Bedürfnis der Menschen. Unsere Urahnen zwang der Hunger, ihren Lebensort auf der Suche nach neuen Nahrungsquellen ständig zu verändern. Heute ist es eher Erlebnishunger, der die Menschen in die Ferne treibt. Die Neugier auf das Unbekannte, auf das Abenteuer, selbst wenn es nur noch selten mit echten Risiken verbunden ist, die Sehnsucht nach dem Fremden, das wir nie ganz begreifen können, das alles steckt tief in unserem Inneren. Vielleicht verbirgt sich dahinter auch der Wunsch, den Zugang zu unseren ursprünglichen Kraftquellen wiederzugewinnen, der uns in unserer Zivilisation verlorengeht und den wir bei den Naturvölkern neu zu entdecken hoffen. Diese ursprüngliche Kraft finden wir am reinsten noch in den alten Mythen und Märchen der Völker.

Viele Menschen reisen, um neue Rollen ausprobieren zu können. Sie möchten ein anderer Mensch sein, als sie in ihrem Alltag sein müssen.

Im Grunde brauchten wir unseren räumlichen Aufenthaltsort nicht zu verändern, um den Zugang zu unseren Ursprüngen zu finden. In unserer Fantasie sind fast alle Eindrücke der ganzen Welt vorhanden. Um sie zu erleben, müssen wir nicht einen einzigen Schritt vor die Tür setzen. So ist die Äußerung Goethes zu verstehen: Um zu begreifen, daß der Himmel überall blau ist, braucht man nicht um die Welt zu reisen. Eine ähnliche Antwort gab Hunderte von Jahren zuvor in China Lao-Tse einem seiner Schüler, als der ihn fragte: „Meister, ist es richtig, wenn ich in die Welt hinauswandere?" Lao-Tse erwiderte: „Laß es bleiben. Die Welt ist überall so, wie du sie hier siehst."

Die Reise in das Land Ihrer Fantasie kann für Sie wie für Ihre Kinder unter Umständen weit wertvoller sein als die zahllosen Auslandsreisen für die modernen Massentouristen, die überall alles so wie zu Hause vorfinden wollen und es dabei versäumen, sich selbst zu begegnen.

Wer reist, bricht auf in eine unbekannte Welt aus Träumen, Wünschen, Fantasien und manchmal auch Ängsten

Beim Reisen ist im Grunde nicht das Ankommen das Wichtigste, sondern der Aufbruch, das Unterwegssein, die Wanderung selbst. Wir kennen das aus den alten Volksmärchen. In unserem wirklichen Leben geschieht nichts anderes: Wir sind unterwegs, solange wir leben. Oder umgekehrt: Solange wir unterwegs sind, leben wir. Nur wer nicht mehr bereit ist, Erreichtes in Frage zu stellen, wer nicht mehr neugierig auf Neues ist, der beginnt zu erstarren und damit zu sterben.

Was sind das nun für Reisen, die sich allein in unserer Fantasie ereignen, ohne daß wir einen Schritt vor die Tür setzen? Obwohl wir keinerlei Raumveränderung mit unserem Körper vornehmen, führen sie uns doch in fremde Länder, in längst vergangene Zeiten oder in die Zukunft. Diese Art zu reisen ist keine Flucht vor der Wirklichkeit. Der Psychoanalytiker C. G. Jung hat einmal gesagt, die Jahre, in denen er die Welt seiner inneren Fantasien durchreist habe, gehörten zu den wichtigsten in seinem ganzen Leben. Sein ganzes späteres Lebenswerk baut auf den Reiseerfahrungen dieser Jahre auf.

Auf diesen Reisen begegnen uns allerlei sagenhafte Gestalten, Fabelwesen, wie wir sie aus der Welt der Mythen, Märchen und Träume kennen. Der Traum, der Gedanke, das Wort, Meditation, die Stille aushalten, das alles sind Möglichkeiten, sich fortzubewegen, zu reisen, sich zu entwickeln und zu entfalten. Für solch eine Reise braucht man weder viel Geld noch Gepäck. Der Ort, an dem sie stattfindet, ist der Ort, an dem wir leben, hier und jetzt, nirgendwo sonst.

Fantasiereisen: Chancen zur Heilung und Selbstentfaltung

Heilung heißt heil werden, sich einen Schritt weiter zum Ganzsein hin entwickeln. Das kann bedeuten, daß wir körperliche Krankheitssymptome über Bord werfen können, weil wir sie nicht länger brauchen. Im Grunde geht es dabei immer um persönliche Entwicklung. Quer durch die Geschichte der Menschen, angefangen bei Odysseus, Jona im Bauch des Wals, über die Gralserzählungen bis hin zu Grimms Märchen, zu den Geschichten von Alice im Wunderland und zu Michael Endes Momo: Im Grunde erzählen alle diese Märchen und Mythen immer die Geschichte der Entwicklung jedes einzelnen Menschen, seinen persönlichen Weg durch Scheitern, Prüfungen, hin zur reifen Persönlichkeit. Jeder Mensch geht diesen Weg, soweit er nicht durch Blockierungen an seiner Entwicklung gehindert ist. Selbst wo solche Blockaden aufgrund früherer schmerzhafter Erlebnisse bestehen, lösen sie sich oftmals unter dem Einfluß unserer inneren Bilder auf.

Kinder brauchen Märchen, Mythen, Träume und Geheimnisse

In den Mythen und Märchen ist tiefes Wissen verborgen. Wie ein roter Faden zieht es durch alle Kulturen und Zeiten. Die Menschen früher erzählten dieses Wissen von Generation zu Generation weiter. Es ist kein Wissen, das sich mit dem Verstand erfassen läßt, sondern Wissen des Herzens. Wir brauchen es dringend, um unser Leben bestehen zu können.

Kinder haben, jedenfalls in den ersten sieben Jahren ihres Lebens, einen ganz natürlichen Zugang zu diesem Spirituell-Unsichtbaren. Um sich gesund und lebendig zu entwickeln, brauchen sie Märchen, Symbole, Geheimnisse und ihre inneren Bilder. Dieses Buch will den Erwachsenen eine Brücke bauen, die ihnen Zugang schafft zu dem reichen Schatz der Fantasiewelt unserer Kinder.

Streß: eine Zeitkrankheit nicht nur der Erwachsenen

Auf jeden Menschen dringen in unserer Zeit so unglaublich viele Eindrücke ein wie bisher noch in keiner anderen Zeit. Niemals zuvor in der Geschichte der Menschheit gab es eine solche Vielzahl von Wahrnehmungen zu gleicher Zeit zu verarbeiten, Entscheidungen zu treffen und Probleme zu lösen.

Schon Kinder führen heute einen ausgebuchten Terminkalender wie moderne Industriemanager. Doch das alles hat seinen Preis. Unruhe und Hektik breiten sich in bisher ungekanntem Maße schon unter Kindern und Jugendlichen aus. Das Abschalten selbst in den Ruhephasen nachts fällt ihnen immer schwerer. Nervositätserscheinungen beeinträchtigen ihre Lern- und Leistungsfähigkeit in der Schule. Immer häufiger führen sie zu Krankheitserscheinungen wie Kopfschmerzen, Schlaflosigkeit, Erbrechen und Durchfällen. Und immer häufiger fühlen sich schon Kinder dem Streß nicht mehr gewachsen. Die Äußerung eines zehnjährigen Jungen, der gerade von der Grundschule auf das Gymnasium gewechselt hat, spricht Bände: „Für mich lohnt sich das Leben erst wieder, wenn ich fünfundsechzig bin!"

Die Mathearbeit steht bevor, und viele Kinder haben das Gefühl, „das schaffe ich nicht", obwohl sie mehr als eine Woche für diese Arbeit gebüffelt haben. Sie halten sich einfach nicht für begabt genug. Und außerdem liegen alle ihre eigentlichen Ziele in so weiter Ferne, daß es sinnlos erscheint, überhaupt aufzubrechen.

Auf ihren Fantasiereisen erreichen sie jedes erwünschte Ziel – und damit erreichen sie es bald auch im Leben.

In meiner langjährigen Arbeit mit Kindern sind mir immer wieder junge Menschen begegnet, die trotz guter Begabung an den Forderungen der Gesellschaft scheitern. Für sie gibt es Hilfe ebenso wie für alle die unzähligen Erwachsenen, die an den Bedingungen ihres Lebens zu zerbrechen drohen. Menschen, die die Quellen zu ihrer Fantasie, zu ihrem Unbewußten öffnen, gewinnen Zugang zu ihrem vollen Kraftpotential. Sie gewinnen damit zugleich mehr Freiheit, die immer neu anstehenden Entscheidungen in ihrem Leben zu treffen und dabei dennoch ruhig und gelassen zu bleiben. Denn sie lernen, sich auf die in ihren Unbewußten ruhende Kraft zu verlassen.

Dieses Buch will Erwachsenen wie Kindern helfen, den Weg zu sich selbst und zu Ihrem inneren Kraftpotential zu finden und ihn allein oder in Begleitung vertrauter Menschen zu gehen.

Die hier beschriebenen Fantasiereisen sind aus der langjährigen Arbeit mit Kindern und Erwachsenen heraus entstanden. Sie haben sich in der Praxis bewährt und sind für Laien einfach anwendbar.

Entspannungsübungen – ihre heilende Wirkung

Fantasiereisen entfalten ihre heilende, das innere Wachstum fördernde Kraft am besten, wenn man im Zustand tiefer Entspannung auf die Reise geht.

In den Klöstern des Ostens wie des Westens praktizierten die Mönche seit vielen Jahrhunderten meditative Entspannungsmethoden mit großem Erfolg. Das Autogene Training ist mit diesen Methoden eng verwandt. In unserer westlichen Kultur ist es heute als Hilfe gegen den Streß weit verbreitet. Millionen von Menschen in Europa und Amerika wenden es mit großem Erfolg an. Entspannung durch Autogenes Training ist leicht zu lernen und wird überall an Volkshochschulen und ähnlichen Bildungseinrichtungen gelehrt.

Das Autogene Training hat der deutsche Nervenarzt Professor Dr. J. H. Schultz entwickelt. Es ist imstande, das gesamte vegetative Nervensystem und damit auch die Funktion sämtlicher Organe positiv zu beeinflussen. Damit eignet es sich besonders gut zur Vorbeugung gegen streßbedingte Erkrankungen, ebenso aber auch zu ihrer erfolgreichen Behandlung. Alle von Schultz beobachteten Patienten und Versuchspersonen erlebten ein starkes, angenehmes körperliches Empfinden von Schwere und Wärme, ausgelöst durch Muskelentspannung und eine Erweiterung der Blutgefäße. Sie führten wiederum zu einer besseren Durchblutung im gesamten Organismus. Aber es blieb nicht allein bei diesen meßbaren körperlichen positiven Veränderungen, sondern zugleich beruhigte sich das gesamte Nervensystem. Körper und Seele hängen nun einmal eng miteinander zusammen. Schlafstörungen, Muskelverspannung, Kopfschmerzen und viele andere psychisch bedingte Gesundheitsstörungen lassen sich durch regelmäßige Anwendung des Autogenen Trainings positiv beeinflussen.

Heute wendet man dieses Verfahren schon in vielen Krankenhäusern und Reha-Kliniken an, um den Patientinnen und Patienten ein wirksames Mittel gegen den Streß an die Hand zu geben. Der besondere Wert liegt darin, daß Autogenes Training Hilfe zur Selbsthilfe ermöglicht. Jeder nimmt dabei seinen Heilungsprozeß selbst in die Hand und hängt nicht länger von den Maßnahmen der Experten ab. Unzählig viele Menschen, angefangen bei den Spitzensportlern bis hin zu erfolgreichen Industriemanagern oder Künstlern und Stars aller Branchen, nutzen inzwischen die Vorteile dieser Entspannungsmethode, um ihre Kräfte in entscheidenden Situationen voll verfügbar einsetzen zu können.

Am besten läßt sich Entspannung erlernen, wenn man nicht gerade mitten in einer akuten Lebenskrise oder Krankheit lebt. Das Üben in ruhigeren Zeiten fällt den meisten Menschen leichter. Es entwickelt sich dann zur festen Gewohnheit etwa wie das Zähneputzen. Aber nichts soll beim Üben erzwungen werden. Es geht eher darum, einfach geschehen zu lassen.

Wer einmal die großartigen Möglichkeiten des Autogenen Trainings oder anderer Entspannungstechniken für sich erfahren hat, mag meist nicht mehr auf sie verzichten. Die Grundhaltung zum Leben und zu sich selbst verändert sich hin zu mehr Gelassenheit und Freude selbst an den kleinen Dingen des Lebens.

Stilleübungen sind keine „Säuselübungen":
Nur wer den Sturm kennt, weiß wie sich Ruhe anfühlt

Die Themen der Fantasiereisen in diesem Buch sind keineswegs immer so beschaffen, daß sie auf direktem Wege Ruhe herbeiführen. Wenn Sie genau hinschauen, werden Sie schnell auf Bilder stoßen, die eher auf Aktivität, auf das Erleben von abenteuerlichen und spannenden Situationen gerichtet sind. Doch darin liegt kein Widerspruch. Nur wer Anspannung kennt, kann die Ruhe bewußt erleben. Nur wer den Regen kennt, kann auch die wärmende Kraft der Sonne genießen. Nur wer hungrig war, weiß das Gefühl des Sattseins zu schätzen. Nur wer seine Muskeln anspannt, kann sie ganz entspannen. Unser gesamtes Leben besteht aus solchen Gegensatzpaaren. Deshalb finden sie sich auch in den Ruheübungen wieder. Das geschieht bewußt. Die Ruheübungen sollen keine „Säuselübungen" sein, die unsere Kinder allenfalls aus lauter Langeweile einschlafen lassen würden. Emotionale Anspannung und Anregung der Fantasiekräfte sind bei der Auswahl der Themen manchmal durchaus erwünscht und gewollt. Danach kann sich sich wohltuende Entspannung mit ihrer heilsamen Wirkung um so besser ausbreiten.

Die Auswahl der Themen für die einzelnen Fantasiereisen

Die Themen und Bilder der einzelnen Fantasiereisen in diesem Buch sind so ausgewählt, daß sie tief in das Unbewußte hineinreichen, ähnlich wie das in den alten Volksmärchen geschieht. Da bleibt nichts im vordergründigen Tagesgeschehen stehen, sondern unsere Emotionen werden direkt angesprochen, ruhige Zuwendung, Vertrauen, Geborgenheit ebenso wie die scheinbar negativen Emotionen Wut, Haß und Traurigkeit. Sie alle gehören fest zu uns. Und nur wer auch „negative" Gefühle zuläßt, kann Freude und Liebe voll erleben. Nur wer seinen Schattenseiten begegnet, kann die Sonnenseite seines Lebens ganz erfahren und genießen. Wir müssen also manchmal Unruhe durchleben, um zu Ruhe und Gelassenheit zu finden. Das gilt für Erwachsene wie für Kinder.

Ganz sicher empfiehlt es sich nicht, Kinder mit der vollen Härte des Lebens zu konfrontieren. Sie brauchen Schutz und Schonraum für ihr Wachstum. Doch das bedeutet keineswegs, daß sie auch vor ihren eigenen, von uns oft negativ bewerteten Emotionen bewahrt werden sollten. Wir alle wissen um die reinigende Kraft eines Gewitters. Auch Kinder haben das Bedürfnis und das Recht, ihre Seele durch das Erleben emotionaler Gewitter zu reinigen.

Aufbruchsituationen

Praktisch alle der in diesem Buch enthaltenen Fantasiereisen gehen von typischen Aufbruchsituationen aus, wie wir sie in vergleichbarer Weise in den alten Volksmärchen finden. Immer ist da jemand im Begriff, seine Wanderung durch das Leben zu beginnen. Und stets begegnet er auf seinem Weg allerlei Abenteuern und Prüfungen, die er zu bestehen hat. So kennen wir das aus den Märchen. So geschieht es in unseren Träumen, in ähnlicher Weise auf den Fantasiereisen und schließlich in unserem realen Leben. Unser Traum-Erleben im Schlaf wie in entspanntem Wachzustand bietet uns reichhaltige Gelegenheit, den Weg durch unser wirkliches Leben spielerisch probehandelnd vorwegzunehmen. In unseren Träumen und Fantasiereisen üben wir Situationen zu bestehen, die uns im wirklichen Leben begegnen. Je bewußter wir solche Situationen in unserer Fantasie vorweggenommen haben, um so ruhiger und gelassener können wir im wirklichen Leben handeln.

Fantasiereisen mit märchenähnlichen Motiven: Beispiele aus der praktischen Arbeit mit Kindern

Sylvia, 10 Jahre alt, erlebt bei der Fantasiereise in einen Brunnen offensichtlich ihre eigene Geburt noch einmal:

Ich sehe einen alten Brunnen aus Stein. Darüber ist ein Holzdach, an der Seite eine Kurbel. An ihr zog man früher den Wassereimer hoch.

Ich schaue in den Brunnen hinein. Es ist sehr dunkel darin. Zuerst erkenne ich überhaupt nichts. Dann leuchte ich mit einer Laterne hinein. Der Brunnen scheint ziemlich tief zu sein. Ich werfe kleine Steine hinein. Es dauert ziemlich lange, bis sie unten im Wasser aufschlagen.

An der Innenwand des Brunnens sehe ich Bügel aus Eisen. Ich klettere über den Brunnenrand und steige dann an den Eisenbügeln in den Brunnen hinein. Mir kommt der Weg endlos lang vor. Schließlich habe ich die Wasseroberfläche erreicht. Ich klettere aber noch tiefer, bis in das Wasser hinein. Das Wasser ist angenehm warm. Ich

schwimme jetzt noch tiefer. Ich bin wie ein Wassertier.
Ich brauche keine Luft zum Atmen. Dann wieder fühle ich
mich wie ein Maulwurf, der sich durch enge Gänge gräbt.
Manchmal habe ich das Gefühl steckenzubleiben. Aber
dann geht es doch wieder voran. Am Ende sehe ich ein
grelles Licht. Es blendet mich. Dann erkenne ich meinen
Vater und auch meine Mutter. Eine Krankenschwester
läuft dort herum. Sie packt mich an den Füßen und hält
mich nach unten wie ein geschlachtetes Kaninchen. Sie
sagt: „Es ist ein Mädchen."

Im Anschluß an die Fantasiereise im Bauch des Wals erzählt
der zehnjährige Thomas:

Ich stehe am Ufer einer Meeresbucht. Das Wasser ist
merkwürdig unruhig. Dann sehe ich weit draußen die rie-
sige Schwanzflosse eines Fisches aus dem Wasser kom-
men. Dann taucht sein riesiger Rücken auf und sinkt wie-
der ins Wasser. Manchmal bläst der Wal viel Wasser in die
Luft. Er kommt immer näher auf mich zu. Als er am
Strand ankommt, macht er sein Maul auf. Es sieht aus wie
die Öffnung eines Lastwagens. Ich gehe hinein. Dann
klappt der Wal sein Maul wieder zu, und ich sitze im Dun-
keln. Ich taste mich zwischen seinen Zähnen durch. Beim
Herumklettern in seinem Rachen habe ich ihn wohl gekit-
zelt. Der Wal muß husten. Dabei spuckt er mich wieder
aus. Ich fliege in hohem Bogen durch die Luft und lande
mitten in einem Indianerdorf. Die Leute dort wundern
sich, woher ich gekommen bin. Ich erzähle ihnen alles.
Dann fragen sie mich, ob ich nicht bei ihnen bleiben
möchte. Ich sage ihnen: „Es ist schön bei euch. Aber ich
will doch wieder zurück zu meinen Freunden." Der Häupt-
ling bringt mich bis zum Rand des Dorfes. Dann gehe ich
allein weiter. Dann ist der Weg plötzlich meine Straße, in
der ich wohne. Mein Freund kommt und sagt: „Hallo, da
bist du ja wieder."

Ein neunjähriges Mädchen erlebt nach einer längeren Krankheit bei der Fantasiereise in den Wald folgende Geschichte:

Ich stehe am Waldrand. Zwischen den Bäumen kommt plötzlich ein Elefant hervor. Er gibt mir mit seinem Kopf ein Zeichen, daß ich ihm folgen soll. Eine ganze Zeitlang gehe ich hinter ihm her durch den Wald. Es ist ziemlich dunkel hier. Aber der Elefant scheint den Weg zu kennen.

Dann kommen wir auf eine helle Lichtung mit einem kleinen Teich in der Mitte. Die Sonne scheint schön warm. Da zeigt mir der Elefant einen Baum am Rande der Lichtung, der umgefallen ist. Zusammen versuchen wir, ihn wieder aufzurichten. Das klappt aber nicht. Der Elefant meint, ich sollte ihn absägen. Ich finde eine Säge, und damit säge ich den Baum ab. Dann setze ich mich auf den Baumstumpf. Rund um mich wachsen plötzlich neue Zweige aus dem abgesägten Stamm. Sie bilden ein Nest um mich, in das ich mich hineinkuscheln kann. Am liebsten würde ich hier bleiben. Aber der Elefant sagt, wir müßten jetzt zurückgehen.

Im Anschluß an eine Fantasiereise zum gleichen Thema erzählt ein anderes, etwa gleichaltriges Mädchen:

Gleich am Anfang des Waldes sehe ich riesige Felsbrocken. Ich denke, ob ich da wohl durchkommen kann. Ich laufe zwischen den Felsen hin und her. Dann donnert und blitzt es. Ein Gewitter braut sich zusammen. Ich suche nach einem Unterschlupf. In einer Felswand entdecke ich einen Spalt. Dahinter ist eine Höhle. Ich gehe hinein. Draußen regnet es jetzt tüchtig. Aber in der Höhle ist es dunkel und warm. Ich fühle mich sehr allein. Da kommt plötzlich jemand in die Höhle und setzt sich zu mir. Es ist ein junger Indianer. Er sagt: ‚Du brauchst dich nicht vor mir zu fürchten. Ich bin dein Bruder. Geschwister müssen gut zusammenhalten. Dann passiert ihnen nichts.‘ Ich bin müde und schlafe ein. Als ich wach werde, ist der Indianer fort. Ich gehe aus der Höhle. Draußen scheint die Sonne. Das Gewitter ist vorbei.

Ein vierzehnjähriges Mädchen sieht sich während seiner Fantasiereise am Rande eines Sees stehen. Es möchte zur gegenüberliegenden Seite des Sees gehen, schafft es aber zunächst nicht. Die Ufer sind mit undurchdringlichem Schilf bewachsen. Noch während das Mädchen überlegt, wie es hinüberkommen könnte, bewegt sich etwas an der Wasseroberfläche:

Eine riesig große, häßliche Kröte taucht aus dem Wasser auf. Sie sagt, sie will mich hinüberbringen. Ich sollte nur Vertrauen zu ihr haben. Aber ich habe kein Vertrauen. Ich fürchte, daß sie mich untergehen läßt. Die Kröte sagt noch einmal, daß ich ihr vertrauen könnte. Da sieht sie schon nicht mehr so häßlich aus. Ich gehe ins Wasser und umarme die Kröte. Sie trägt mich und schwimmt mit mir über das Wasser. Sicher komme ich auf der anderen Seite an. Ich bedanke mich bei der Kröte. Die Kröte sagt, ich sollte noch einen Augenblick warten, ehe ich weitergehe. Sie taucht unter. Das Wasser ist hier trüb und schmutzig. Dann kommt sie wieder an die Oberfläche. Sie schenkt mir eine Perle, die soll ich immer bei mir tragen. Ich bedanke mich bei der Kröte und steige dann viele Stufen hoch, bis ich oben auf einer Wiese ankomme.

Wieder ein anderes Mädchen sieht auf einer Wachtraumreise eine Spinne, die versucht, ihr Netz zwischen zwei Bäumen zu knüpfen.

Die Spinne bemüht sich verzweifelt, ihr Netz am linken Baum zu befestigen. Aber es gelingt ihr nicht. Die Fäden reißen immer wieder ab. Die Spinne verheddert sich immer mehr in ihrem Netz. Das Netz wickelt sich um sie.

Schließlich wird die Spinne zu einer kleinen, dunklen Kugel, die zu Boden rollt und leblos liegen bleibt.

Ich versuche, die Spinne zu befreien. Ich brauche lange Zeit, bis ich den Anfang ihres Fadens gefunden habe. Dann wickle ich das Netz von ihr ab. Allmählich kommt die Spinne wieder zum Vorschein. Sie wirkt jetzt ruhiger, nicht mehr so hektisch wie am Anfang. Sie sieht auch heller und freundlicher aus. Schließlich ist die Spinne frei. Sie läuft fort, sucht zwischen Grashalmen ihren Weg und verschwindet dann.

Ein Junge, dessen Vater knapp ein Jahr zuvor gestorben ist, leistet auf seiner Traumreise ein Stück Trauerarbeit:

Ich gehe eine lange Treppe hinunter. Sie endet in der Nähe eines Parks. Durch ein Tor gehe ich in den Park hinein. Der Weg ist breit. Links und rechts stehen Bäume. Es ist Nacht. Der Himmel ist voller Sterne, und der Mond scheint. Ich gehe eine Weile den Weg entlang. Dann sehe ich etwas durch die Bäume schimmern. Ich stelle fest, daß ich auf einem Friedhof bin. Ich habe Angst. Es wird dunkler. Eine Wolke hat sich vor den Mond geschoben. Plötzlich stehe ich vor einem frisch geschaufelten Grab. Ich höre Geräusche und verstecke mich hinter einem Strauch, um nicht entdeckt zu werden. Ein Leichenzug kommt näher. Viele Menschen folgen dem Sarg. Der Sarg wird in das Grab hinuntergelassen. Ich erkenne eine frühere Mitschülerin von mir. Ich frage sie, wer gestorben ist. Sie sagt, ihr Vater. Ich wundere mich, daß sie nicht traurig ist und frage sie nach dem Grund. Sie sagt, daß sie jetzt eine Stütze für ihre Mutter sein muß.

Dann wird es wieder heller. Die Wolke ist am Mond vorbeigezogen. Die Menschen verlassen den Friedhof. Männer kommen und schaufeln das Grab zu. Als auch sie fort sind, komme ich aus meinem Versteck. In meiner Tasche finde ich Blumenzwiebeln. Ich pflanze sie auf das Grab.

Nach einer Weile bricht die Erde auf. Die Blumen wachsen und bald blühen sie. Ich gehe zum Tor zurück und verlasse den Park. Ich steige die Treppe wieder hinauf.

Ein zwölfjähriges Mädchen erlebt sich selbst als Baum, der ihr viel Kraft gibt:

Ich halte eine Kinderbibel in der Hand. Darin finde ich das Bild eines Baumes. Der Baum fängt an, sich auszudehnen. Er wächst über das Buch hinaus. Seine Zweige strecken sich zur Decke. Die Wurzeln greifen in den Boden. Dort finden sie Halt. Der Raum engt den Baum ein. Da fange ich an, die Mauern abzutragen. Plötzlich verschwinden sie wie von selbst. Der Baum wächst weiter. Ich berühre den Stamm mit den Händen. Ich spüre, wie die Säfte in ihm strömen. Sehr lebendig ist er.

Ich lehne mich mit dem Rücken an den Baum an. Er nimmt mich in sich auf. Ich fühle mich eins mit dem Baum. Ich bin stark, kräftig und gesund. Ich fühle, wie ich von einer schützenden Hülle umgeben werde. Es ist eine Hülle aus Wärme und Geborgenheit. Nach einer Weile trete ich wieder aus dem Baum heraus und fühle mich wohl und glücklich. Dieser Traum ist ein Geschenk! Danke!

Roland, elf Jahre alt, gelangt auf seiner Traumreise auf eine Wiese. Dort kommt es zu einer für ihn wichtigen Begegnung:

Ich stehe unter einem Regenbogen, der Sonne und Regen miteinander verbindet. Ich fühle die warmen Sonnenstrahlen und die erfrischende Kühle des Regens. Nach einer Weile fangen Sonne und Regen an zu wandern. Sie wandern aufeinander zu. Direkt über mir verschieben sie sich ineinander. Dann sehe ich, wie die Sonnenstrahlen ein Loch in den Boden bohren. Ich mache mich ganz klein und krieche in das Loch. Ich bin vielleicht so groß wie eine Maus. Der Gang führt immer tiefer in die Erde. Dann komme ich plötzlich in eine Höhle. Sie ist mit Moos ausgepolstert. Es ist warm und gemütlich hier. Ich ruhe mich aus.

Plötzlich wird es sehr hell um mich. Ich sehe eine Frau in einem wunderschönen langen Kleid. Sie ist auch nur so groß wie ich. Sie sagt, sie ist eine Fee. Ich könnte sie etwas fragen. Ich frage, warum ich immer so oft Streit mit meiner Schwester habe. Sie sagt: „Geduld." Dann gehe ich wieder den Gang entlang nach oben. Als ich wieder auf der Wiese angekommen bin, mache ich mich wieder groß, so wie ich immer bin.

Ein vierzehnjähriges Mädchen erlebt sich selbst im Paradiesgarten:

Ich befinde mich in der Mitte eines wunderschönen Gartens. Alles um mich herum ist grün. Blumen blühen. Vor mir steht ein großer Apfelbaum. Darunter entspringt eine Quelle mit klarem Wasser. Um den Stamm herum windet sich eine weiße Schlange. Ich habe Hunger und möchte gern einen Apfel essen. Aber da fällt mir ein, daß es Adam und Eva verboten war, von dem Baum in der Mitte zu essen. Ich setze mich unter den Baum und höre den Vögeln und dem Wasser zu und freue mich über die Blumen. Da wirft der Baum plötzlich von selbst Äpfel herunter. Ich sammle sie auf und nehme sie in meiner Tasche mit. Dann gehe ich weiter, der aufgehenden Sonne entgegen. Es ist ein langer Weg durch den Garten. Ich gehe durch eine weite Landschaft an Bäumen und Hecken vorbei. Dann komme ich zu einem Tor. Es öffnet sich, und ich gehe hinaus.

Ein zehnjähriger Junge:

Ich stehe an einer Quelle mitten in der Wüste. Das Wasser sprudelt immer höher und fällt wie Regen auf den trockenen und rissigen Boden. Die Erde fängt an, sich neu zu beleben. Viele Pflanzen wachsen. Bald ist alles rundherum grün. Da hört die Quelle plötzlich auf zu sprudeln. Aber im Kreis um mich herum sprudeln dafür auf einmal ganz viele andere Quellen. Auch dort wird der Wüstenboden grün, und überall wachsen Pflanzen. Das Grün dehnt sich immer weiter aus. Bald ist die ganze Landschaft grün, so weit ich sehen kann.

Die inneren Bilder der Erwachsenen

Die inneren Bilder, die Erwachsene auf Fantasiereisen erleben, unterscheiden sich nicht grundsätzlich von den Bildern der Kinder. Sicherlich: Manchmal spiegeln sich aktuelle Lebensprobleme darin wider. Aber meist greift das Wachtraumerleben bei Erwachsenen bis in frühe Zeiten zurück. Wir erleben Bilder, die unsere ganze Persönlichkeit mit starker Kraft anreichern. Oder aber beim Noch-Einmal-Erleben problematischer Szenen aus unserem Leben lösen sich alte Konflikte, die nicht spurlos an uns vorübergegangen sind. Wir können sie dann besser loslassen. In ihnen gebundene Energie wird frei und steht uns wieder voll zur Verfügung.

Eine 35jährige Frau, selbst Mutter von zwei Kindern, schleppt noch immer den Ballast einer sehr schwierigen Beziehung zu ihrer Mutter mit sich herum, ohne daß es ihr bewußt wäre. Sie wundert sich nur, daß sie sich in letzter Zeit zunehmend nervös und oft schnell erschöpft fühlt.

Auf der Symbolebene begegnet sie in märchenähnlichen Bildern ihrer Mutter noch einmal:

Ich gehe über die Wiese auf den Waldrand zu. Ein Weg

führt in den Wald. Ich möchte ihn gehen, komme aber nicht voran. Es ist, als ob ich an eine unsichtbare Mauer stoße. Ich taste mit meinen Händen, spüre die rauhen Steine, kann sie aber nicht sehen. Ich gehe tastend an der Mauer entlang. Plötzlich spüre ich Holz. Ich bin auf eine Tür gestoßen, finde eine Klinke und drücke sie herunter. Die Tür öffnet sich, aber nur einen Spalt breit. Sie ist auf der anderen Seite mit einer Kette versehen. Es gelingt mir, hindurchzufassen und die Kette zu lösen. Jetzt läßt sich die Tür ganz öffnen. Dahinter ist es vollkommen dunkel. Erst ganz allmählich gewöhnen sich meine Augen an das Dunkel. Dann sehe ich einen breiten Graben vor mir. Ich hebe die Tür aus den Angeln und lege sie über den Graben. So kann ich hinübergehen. Ein Weg führt tiefer in den Wald. Er wird immer schmaler und endet schließlich ganz. Ich gehe nun zwischen den Bäumen entlang. Das Unterholz wird immer dichter und dorniger. Dann finde ich Brombeeren. Ich pflücke und esse sie. Sie schmecken gut, und ich fühle mich gestärkt. Plötzlich höre ich Geräusche hinter mir. Als ich mich umdrehe, steht dort eine Hexe. Sie sieht drohend aus und schreit mich an, was mir einfiele, ihre Brombeeren zu nehmen. Ich sage, daß ich Hunger habe und pflücke weiter. Die Hexe wird wütend und sagt, daß ihr die Beeren ganz allein gehörten. Da gebe ich ihr die Beeren, die ich gepflückt habe. Sie ißt sie gierig. Ich gebe ihr immer mehr. Sie scheint unersättlich zu sein. Ich gehe tiefer in den Wald hinein, um noch mehr Beeren zu suchen. Ich bin schon fast erschöpft, und noch immer ist die Hexe nicht satt. Dann sehe ich, wie sie kleiner wird. Aber noch immer ißt sie. Als sie kaum noch zu sehen ist, fordert sie mich auf, sie auf meine Hand zu nehmen. Ich tue es und frage, ob sie noch mehr Beeren möchte. Sie verneint. Ich spüre die Hexe auf meiner Hand, beobachte sie und bemerke, daß sich in ihr etwas verändert. Sie verwandelt sich in einen kleinen Vogel. Der Vogel sagt, ich solle jetzt für mich Beeren pflücken, um mich für den Weg durch den Wald zu stärken. Er werde dann vor mir herfliegen und mir den Weg zeigen. Als ich satt und gestärkt bin, sage ich dem Vogel, daß ich Durst habe. Er fordert mich auf, ihm zu folgen. Er werde mir Wasser zeigen. Ich folge ihm durch das Gestrüpp, das mit der Zeit weniger wird und bald ganz aufhört. Ich komme zu einer kleinen Lichtung. Ich höre Wasser plätschern. In der Mitte der Lichtung befindet sich eine Quelle. Das Wasser ist klar, und ich lösche meinen Durst damit. Dann wasche ich mich, da ich von dem Weg durch den Wald staubig und verschwitzt bin. Der Vogel sitzt auf einem Ast hoch über der Quelle. Als ich mich erfrischt habe, sehe ich, daß er etwas im Schnabel trägt. Er beginnt, ein Nest zu bauen. Er holt viel Material heran. Zum Schluß polstert er das Nest mit Federn aus und legt ein Ei hinein. Das brütet er aus. Als das Junge geschlüpft ist, versorgt er es unermüdlich mit Futter, bis es schließlich flügge ist und sich selbst versorgen kann. Dann fliegt er zu mir und sagt, daß er mich jetzt aus dem Wald führen will. Ich stehe auf und folge ihm. Bald komme ich auf einen breiten Weg, der durch einen lichten Wald führt. Schließlich komme ich zu der Stelle, an der ich den Wald betreten habe. Der Graben scheint fort zu sein. Die Tür liegt noch auf dem Boden. Ich hänge sie wieder ein und fühle sie plötzlich nicht mehr. Auch die Mauer kann ich nicht mehr ertasten. Sie scheint fort zu sein.

Eine andere Frau erlebt in einer Fantasiereise die Geschichte ihrer Erlösung, aus welchen Fesseln auch immer:[1]

Weit unten, verborgen im blauen Schleier des Tales, liegt mein bisheriges Leben. Hin und wieder dringen noch dunkle Stimmen zu mir herauf: Bleib lieber hier … Hier hast du deine Sicherheit … Und dann die oft gehörten, vertrauten, verhaßten Worte: Das schaffst du doch sowieso nicht! Ab und zu wirft mir jemand einen Knüppel in den Weg. Ich

---

[1] Karin Rohner, in: Esotera 1/98, 14 f.

stolpere, raffe mich auf und klettere weiter. Je höher ich steige, desto geringer wird der Widerstand. Ein ganz Unentwegter versucht, sich bei mir anzuhängen, in der Hoffnung, daß ich ihn mit nach oben schleppe. Ich zögere nicht, meine Ellenbogen einzusetzen. Als er gar nach meinen Waden greift, müssen es ein paar Fußtritte sein, um ihn abzuschütteln. Das Herz pocht laut. Mein Atem bebt. Die Stimmen aus der Tiefe sind verstummt.

Mittlerweile geht es so steil bergan, daß ich mich mit beiden Händen abstützen muß. Der Pfad hat sich bis auf eine schmale Steige zusammengezogen. Plötzlich klingt es wie ferner Vogelgesang. Dann glaube ich, einzelne Töne unterscheiden zu können. Sie schwellen an, verschmelzen zu einer Melodie, die hoch oben verklingt. Irgend jemand will mich auf dem Gipfel willkommen heißen.

Jäh endet mein Weg. Mit den Fingerkuppen ertaste ich zerklüftetes Gestein und beginne, mich hochzuschieben. Kaum ragt mein Oberkörper über die Felskante hinaus, als sich der eisige Gipfelsturm brüllend auf mich stürzt und das Salz auf meinen Lippen schmerzhaft verkrustet. Auf allen Vieren kriechend, erreiche ich das Gipfelkreuz im Mondlicht. Ist denn hier niemand? Vorbei die lockenden Töne. Das Tosen des Sturmes ist die einzige Antwort.

Ein Blitzschlag reißt mich aus meiner Lethargie. Bevor das Grollen des darauf folgenden Donners verhallt, habe ich sie entdeckt, die Leiter nach unten. Da steht sie, mitten im Raum, eine Armlänge von der Felskante entfernt. Ich erhebe mich auf die Knie, umklammere mit der Linken das Gipfelkreuz. Mit der Rechten versuche ich, die oberste Sprosse zu mir heranzuziehen. Als meine Finger das glatte Holz berühren, neigt sich die Leiter in die entgegengesetzte Richtung, reißt mich und das Kreuz in die Tiefe.

Um mich herum tanzen Formen und Schemen. Das Dröhnen in den Ohren geht in ein gleichmäßiges Rauschen über. Und dann ist sie da, diese helle Stimme, nach deren Klang ich mich ein Leben lang gesehnt habe. Zuerst klingt sie gedämpft, dann klar und deutlich, tief in meinem Inneren: loslassen ... loslassen ...

Jetzt wird mir bewußt, an welch nutzlose Dinge ich mich immer noch klammere. Behutsam löse ich meine Finger von der Leiter, gebe das Kreuz frei, sehe ihm ohne Bedauern nach, wie es schwerfällig davontrudelt. Wolkenbänke nehmen mich auf, dämpfen meinen Fall. Schwerelos dahinschwebend, wiege ich mich im Rhythmus der drei magischen Silben: los-las-sen ... los-las-sen ...

Über mir den blauen Himmel, unter mir eine breite Flußmündung, nehme ich Kurs auf den fernen Horizont und fliege hinaus aufs offene Meer.

II Wie Sie allein oder mit Ihren Kindern auf Fantasiereise gehen können

Fantasiereisen sollen etwas Besonderes bleiben

Wer jeden Tag seine Lieblingsspeise ißt, wird das nicht lange durchhalten. Alles nutzt sich durch übermäßigen Gebrauch ab. Deshalb kommt es auch beim Fantasiereisen darauf an, das richtige Maß zu finden. Eine feste Regel läßt sich schwer angeben. Zwei Reisen pro Woche sind nicht zuviel, aber auch nicht zuwenig. Die Zeit zwischen den Reisen reicht dann völlig aus, um das im Land der Fantasie Erlebte nachwirken zu lassen und zu verarbeiten.

Das Fantasiereisen sollte sich möglichst nicht zur Routineangelegenheit einschleifen, sondern immer etwas Besonderes bleiben. Es darf für Ihre Kinder durchaus Belohnungscharakter bekommen. Andererseits ist es wichtig, die Zeitabstände zwischen den einzelnen Reisen nicht zu groß werden zu lassen. Denn einmal Erlerntes will trainiert werden, damit es nicht wieder vergessen wird.

Die hier ausgesprochene zeitliche Empfehlung ist keineswegs bindend. Wir möchten Sie ermutigen, selbst Erfahrungen zu sammeln. Aus den Reaktionen Ihrer Kinder können Sie sehr schnell den geeigneten Zeitpunkt für eine Fantasiereise erkennen. Deshalb kann es durchaus sinnvoll sein, auch einmal eine ganze Woche lang jeden Abend mit ihnen auf Fantasiereise zu gehen. Ein Schaden entsteht dabei auf keinen Fall.

Die Rückmeldungen des Kindes sind wichtig

Die Fantasiereisen entfalten ihre vielfältige positive Wirkung auf das Wachstum der Persönlichkeit Ihres Kindes am besten, wenn Sie Ihrem Kind Gelegenheit geben, über das Erlebte mit Ihnen zu sprechen. Hat das Kind aber nicht den Wunsch, Ihnen von seinen Reiseeindrücken zu erzählen, so ist das auch in Ordnung. Manche Kinder bevorzugen andere Möglichkeiten, das Erlebte zu verarbeiten, im Spiel zum Beispiel oder durch Malen. Geben Sie ihnen dazu möglichst reichlich Gelegenheit!

Die Angst nicht aussparen

Jeder Mensch erlebt nachts im Schlaf gelegentlich Angstträume. Dasselbe kann beim Fantasiereisen geschehen. Die Angst will dann eine Botschaft mitteilen. Unser Unbewußtes gibt uns auf diese Weise Gelegenheit, uns mit unseren Ängsten auseinanderzusetzen, genauer hinzuschauen, was uns eigentlich Angst bereitet.

Meist teilen sich Ängste in symbolhaft verschlüsselter Form mit. Da taucht beispielsweise ein Löwe als Bild auf. Die Angst vor diesem Löwen kann Angst vor der eigenen Aggression, ebenso aber auch vor einem anderen Menschen oder vor einer bestimmten Situation bedeuten. Manchmal läßt sich nicht gleich erkennen, was sich hinter der Angst verbirgt. Ein Traumlexikon mit psychologischen Deutungen[2] kann Ihnen Hilfen geben, wenn es darum geht herauszufinden, was sich hinter einem Symbolbild verbirgt. Im Anhang zu diesem Buch finden Sie geeignete Literaturhinweise.

---

[2] z.B. Günter Harnisch: Das große Traumlexikon. Über 1500 Traumsymbole von A bis Z psychologisch gedeutet, Herder Verlag Freiburg, 6. Auflage 1996

Hilfen zum Umgang mit Angst

Die meisten Menschen erleben auf ihren Fantasiereisen Bilder von ungewöhnlicher Schönheit, die noch lange in ihnen nachwirken und ihnen viel Kraft und Selbstvertrauen geben. Doch ab und zu treten bei Fantasiereisen auch Ängste auf. Wenn das geschieht, dann liegt darin ein vernünftiger Sinn. Und es lohnt nicht, vor der Angst wegzulaufen. Sie holt uns ohnehin immer wieder ein, vielleicht nachts in einem Alptraum, vielleicht auch in einer realen Situation am Tage. Dann erwischt sie uns meist unvorbereitet und deshalb um so unangenehmer.

Auf einer Fantasiereise können wir uns auf die Angst einstellen, wenn sie uns einmal begegnen sollte. Es gibt ein paar einfache, doch recht wirksame Regeln, die Sie Ihren Kindern leicht erklären können, wenn sie auf ihrer Reise in das Land der Fantasie furchterregenden Gestalten begegnen sollten:

Regel 1: Vor angsterregenden Gestalten nicht weglaufen, sondern vorsichtig versuchen, Kontakt zu ihnen aufzunehmen, sie füttern, mit ihnen sprechen oder sie streicheln. Oft genügt es schon, solche Gestalten genau anzuschauen, um die Angst vor ihnen aufzulösen. Wendet man sich ihnen zu, so werden sie schnell harmloser. Wie in den alten Volksmärchen entpuppen sie sich dann oft als wertvolle Helfer und Verbündete auf dem weiteren Weg.

Regel 2: Wer sich die Begegnung mit einem furchterregenden Tier oder Wesen nicht allein zutraut, kann auf seiner Fantasiereise Helfer herbeiholen Bei Kindern können das Vater und Mutter sein, aber auch Freunde oder ein Lieblingstier, das einem Schutz und Kraft gibt. Oft hilft auch, sich einen Zauberstab herbeizuwünschen. Er gibt Sicherheit und Macht in angsterregenden Situationen.

Die Sprache der Fantasiereisen und das Vorlesen

Die Sprache der Fantasiereisen in diesem Buch klingt ganz bewußt oft märchenhaft. Sie ist reich an Poesie und an Bildern und Symbolen, die tief in unserem Unbewußten verankert sind. So erklärt sich ihre tiefgreifende Wirkung.

Die einzelnen Zeilen der Fantasiereisetexte sind in Sinneinheiten gegliedert. Wenn Sie Ihren Kindern oder anderen Erwachsenen die Texte vorlesen, ist es gut, diese Zeileneinheiten beim Sprechen einzuhalten, also jeweils am Ende einer Zeile eine ganz kleine Pause beim Sprechen einzulegen. Das Vorlesen klingt dann zwar vielleicht ein wenig ungewohnt und abgehackt. Aber es hat sich in der Praxis bewährt. Denn in unserem Unbewußten prägen sich kurze Sinnabschnitte besser ein als lange Sätze.

Die Texte der Fantasiereisen wirken am besten, wenn Sie sie langsam und mit ruhiger Stimme vorlesen.

Wenn Sie im Text auf das Herzzeichen ♥ stoßen, so ist das ein Hinweis, daß an dieser Stelle eine längere Pause eingelegt werden soll. Das Herz soll symbolisieren, daß während dieser Pausen wichtiges emotionales Erleben stattfindet. Taucht das Herzzeichen mehrfach hintereinander auf (♥♥ oder ♥♥♥), so verlängern sich die Pausen entsprechend.

Entspannungsmusik, Klangschalen und andere akustische Signale

Die Entspannungsübung und ebenso die Pausen beim Vorlesen des Textes einer Fantasiereise lassen sich besonders gut mit ruhigen, melodisch klingenden, akustischen Signalen einleiten, zum Beispiel mit Hilfe einer Klangschale, eines leise angeschlagenen Gongs oder auch mit einer Triangel.

Für viele Menschen erleichtert ruhige, entspannende Musik das Herbeiführen des Entspannungszustands. Am besten eignet sich langsame Musik mit einem Rhythmus von etwa

60 Schlägen pro Minute. Dieses Tempo entspricht ungefähr dem Ruhepuls des Menschen. Musik aus dem Bereich der Klassik oder des Barock eignet sich für Kinder und für Erwachsene ebenso wie Folklore.

Im Handel gibt es ein breites Angebot an Kassetten oder CDs mit geeigneter Musik zur Entspannung. Wichtig ist, daß Sie die Musik nur leise abspielen, damit sie das Gesprochene beim Vorlesen nicht überlagert. Die Musik soll im Hintergrund bleiben.

Fantasiereisen auf Kassetten aufnehmen

Wenn Sie die Fantasiereisen Ihren Kindern nicht immer wieder selbst vorlesen möchten, können Sie sie am besten mit dem Kassettenrecorder aufnehmen. Solche selbsthergestellten Aufnahmen haben gegenüber den gekauften einen unschätzbaren Vorteil: Die Kinder hören die vertraute Stimme ihrer Bezugsperson. Dieser Vorteil gleicht mögliche technische Schwachstellen einer selbsthergestellten Aufnahme voll aus. Wichtig ist nicht technische Perfektion, sondern ein möglichst hohes Maß an Vertrautheit und Zuwendung, vermittelt durch das technische Medium.

Auch wenn Sie für sich allein auf Fantasiereise gehen möchten, ist es günstig, wenn Sie selbst den Text der Reise auf Kassette aufnehmen. Auf diese Weise sind Sie von anderen Menschen unabhängig und können den für Sie günstigsten Zeitpunkt für Ihre Fantasiereise selbst bestimmen.

Ruhezonen schaffen

Stellen Sie bitte sicher, daß Sie während Ihrer Fantasiereisen nicht durch äußere Einflüsse gestört werden können. Dazu kann gehören, daß Sie das Telefon abstellen.

Die Fantasiereisen sollen in einem ruhigen, von Außengeräuschen wie z. B. Verkehrslärm möglichst abgeschirmten Raum stattfinden.

Die wichtigsten Hinweise zur Durchführung der Fantasiereisen kurz zusammengefaßt

○ Am Anfang jeder Fantasiereise, die in diesem Buch enthalten ist, soll möglichst immer eine Entspannungsübung stehen. Im Zustand der Entspannung entfaltet die Kraft der Fantasie voll ihre heilsame Wirkung.

○ Am besten beginnen Sie jede Fantasiereise immer mit der gleichen Entspannungsübung, zum Beispiel mit der Übung auf Seite 39.

Es gibt viele unterschiedliche Entspannungstechniken, angefangen bei den Atemübungen bis hin zum Autogenen Training. Sie alle führen zum Ziel. Auf den folgenden Seiten dieses Buchs finden Sie eine Entspannungsmethode, die aus der langjährigen Arbeit mit Kindern entstanden ist und sich immer wieder bewährt hat. Sie ist leicht durchzuführen und führt schnell zum Erfolg.

Lassen Sie sich nicht entmutigen, wenn Sie meinen, die Entspannung sei am Anfang noch nicht sehr tief. Dieser Eindruck kann gerade bei Kindern täuschen. Sie entspannen sich oft, selbst wenn noch körperliche Bewegungen erkennbar sind. Sich zu entspannen, ist ein Lernprozeß. Er braucht Zeit. Je öfter Sie üben, um so schneller und intensiver tritt tiefe Entspannung ein.

○ **Die Entspannungsübung und die Fantasiereisen sollen langsam und mit ruhiger Stimme gesprochen werden. So entfalten Sie ihre Wirkung am besten.**

Selbst wenn der Zustand tiefer Entspannung nicht oder noch nicht voll herbeigeführt ist, entfalten die Fantasiereisen ihre heilsame, kreativitätsfördernde und zugleich beruhigende, psychisch ordnende Wirkung. Sie wirken dann ähnlich wie das Vorlesen von Märchen oder vergleichbarer geeigneter Kinderliteratur. Dieses Buch läßt sich also durchaus auch als Vorlesebuch für Kinder einsetzen.

○ **Die Einleitungsformel am Beginn jeder Reise in diesem Buch lesen Sie am besten auch dann mit vor, wenn Sie das Buch als Vorlesebuch benutzen möchten.**

Gerade durch die Wiederholung wirken diese Einleitungssätze wie ein Ritual, ähnlich wie die sich in den Märchen wiederholenden Formeln „Es war einmal…" oder „In den Zeiten, als das Wünschen noch geholfen hat…" oder „Und wenn sie nicht gestorben sind…"

III Fantasiereisen

Die Entspannungsübung zum Beginn jeder Fantasiereise

Mach es dir jetzt bitte
richtig gemütlich bequem.
Und schließe
deine Augen.

Deine Arme sind jetzt schwer,
ganz angenehm schwer.

Und auch deine Beine sind schwer,
wohlig schwer.

Dein ganzer Körper
ist jetzt angenehm schwer.
Und du fühlst dich ganz ruhig.

Du gehst tiefer in deine Ruhe,
immer tiefer.
Alle deine Gedanken,
die dir noch durch den Kopf gehen,
läßt du jetzt los.
Sie fließen ab
durch die Hände
und durch die Füße
hinein in den Boden.
Und du spürst,
wie du dabei immer ruhiger wirst.

Alles in dir
ist ganz ruhig.

Beide Arme sind warm,
angenehm warm.
Und beide Beine sind warm.
Dein ganzer Körper
ist jetzt kuschelig warm.
Du genießt diese wohlige Wärme.
Und während du dich
über diese Wärme freust,
spürst du immer mehr Ruhe.
Alles in dir
ist jetzt vollkommen ruhig
und warm
und ganz schwer.

Du bist tief entspannt.
Und du gehst noch tiefer
in deine Entspannung,
immer tiefer,
bis du schließlich
ganz tief entspannt bist
und ganz ganz ruhig
und ganz warm
und ganz schwer.

1 *Abenteuer*

Eine Reise in das Weltall

Das Motiv einer Reise ins Weltall verspricht Abenteuerliches.
Es führt weit hinaus aus dem gewohnten Alltag in das Land
der Fantasie und setzt starke schöpferische Kräfte frei. Das
Gefühl unbegrenzter Freiheit wird hier erlebbar. Dadurch
stärkt sich das Ichbewußtsein der Fantasiereisenden auf gün-
stige Weise.

Bitte entspann dich zuerst mit der auf Seite 39
beschriebenen Übung!

♥

Du bist jetzt
ganz ruhig
und ganz warm
und ganz schwer.

Und nun
kann deine Reise
beginnen.

Stell dir vor deinen Augen vor:
Draußen,
vor deinem Fenster
wartet ein Raumschiff
auf dich.
Wenn du willst,
kannst du jetzt einsteigen.
Die Tür öffnet sich
für dich.

Der Kapitän empfängt dich freundschaftlich.
Er will mit dir auf die Reise gehen,
dich begleiten,
dir alles zeigen,
was es Wundervolles
im Weltraum zu sehen gibt.
Du brauchst nur einzusteigen.

Du bist im Raumschiff.
Die Triebwerke summen leise.
Vor dir siehst du
den Rücken des Kaptäns.
Die Instrumente im Cockpit leuchten.
Du siehst die erleuchtete Straße unter dir.
Ein leichtes Zittern
geht durch das Raumschiff
und ein ruhiges Brummen.

Die Reise beginnt.
Ganz langsam
hebt sich das Raumschiff.
Die Häuser unter dir,
die Straßen,
die Autos,
sie werden immer kleiner.
Wie Ameisen sehen sie jetzt aus.

Und weiter hinten
am Himmel
geht der Mond gerade auf,
dick
und rot
und rund.
Schick ihm einen Gruß hinüber,
wenn du willst.
Er wünscht dir
gute Reise.

Dann siehst du andere Städte
unter dir,
Landstraßen,
Lichterketten,
Hochhäuser.
Sie werden
immer kleiner.

Es kann sein,
daß du jetzt einen Augenblick lang
nichts mehr siehst,
daß Nebel um dich ist.
Denn dein Raumschiff
fliegt gerade durch die Wolken.

Aber dann ist die Sicht wieder klar.
Du siehst den ganzen Sternenhimmel
um dich herum.
Große und kleine Sterne sind da.
Manche leuchten
wie kleine Sonnen.
Andere funkeln heller,
dann wieder dunkler
im Wechsel.
Wie Blinklichter
sehen sie aus.

Rote Sterne gibt es da
und gelbe.
Einige leuchten orange,
sogar blau-grün.
Und zwischen ihnen allen
fliegt dein Raumschiff hindurch,
leise,
schnell.
Alles um dich verändert sich.
Unter dir die Erde!

Sie sieht jetzt aus
wie eine riesige Scheibe,
blau,
orange,
grün.
Du siehst Flüsse
wie Adern,
so klein,
das Meer,
gewaltig,
riesig groß.

Jetzt ist die Erde
nur noch ein kleiner Ball.
Das Raumschiff
fliegt am Mond vorbei.
Vielleicht will es zum Mars fliegen.
Du siehst ihn blau funkelnd vor dir.
Er wird immer größer
und leuchtet wunderschön.

Oder dein Raumschiff
fliegt zur Venus.
Oder zum einem ganz anderen Stern.
Oder es will die Sonne umkreisen.
Warten wir ab,
wohin es fliegt.

Ich lasse dich jetzt für ein paar Minuten
mit deinen Bildern allein.
Schau einfach hin,
was geschieht.
Später kannst du mir davon erzählen,
wenn du willst…
Und wenn du genug erlebt hast
auf deiner Reise,
dann gib mir bitte

ein kleines Zeichen
mit deiner Hand.

♥

♥

♥

Langsam,
ganz allmählich,
tritt dein Raumschiff
die Rückreise an.
Du siehst,
wie die Erdkugel
wieder größer wird,
je näher das Raumschiff
zu ihr zurückkommt.

Du siehst das Land unter dir,
deine Stadt,
dein Haus,
in dem du wohnst.
Das Raumschiff landet
vor deinem Fenster.
Der Kapitän dreht sich um.
Er lächelt dir zu.
Du bedankst dich
für die Reise,
wenn du willst.
„Das war keine Mühe für mich",
scheint der Kapitän zu sagen,
„du kannst wieder mit mir reisen,
wenn du willst,
sag mir nur Bescheid,
und ich werde kommen."

Du steigst aus
und bist wieder

in deinem Zimmer angekommen.
Und dein Körper
wird jetzt wieder ganz leicht.

Und wenn ich jetzt gleich
bis drei zähle,
dann kommst du bitte wieder zurück
aus deiner Entspannung,
und du fühlst dich
frisch und frei.

Ich zähle jetzt bis drei:

eins,

zwei

und drei!

Und zurückkommen bitte!

Du bist wieder hier angekommen.
Reck dich
und streck dich,
ganz wie du willst.
Und all das,
was du erlebt hast
auf deiner Reise,
ist in dir,
bleibt in dir.
Du kannst
dich daran erinnern,
so oft du willst.
Und du kannst mir
von deinen Erlebnissen
im All erzählen,
wenn du magst…

Begegnung mit deinem Krafttier

Tieren erkennen wir bestimmte Eigenschaften zu: Der Fuchs gilt schon in den alten Fabeln als besonders schlau. Löwen finden sich wegen ihrer Kraft nicht zufällig immer wieder als Wappentiere. Ähnliches gilt für den Adler, der seinen Herrschaftsbereich hoch oben über allem Geschehen in den Lüften und in unzugänglichen Felsen hat. Aufgrund dieser Eigenschaften eignet er sich besonders als Inbegriff von Macht, auch von Freiheit und Unabhängigkeit und damit als Wappentier vieler Staaten. Rehe gelten als scheu, Kühe als Spender mütterlicher Wärme und Energie. Die Reihe der Symboltiere ließe sich lange fortsetzen.

Bei vielen Naturvölkern verkörperten bestimmte Tiere einen speziellen Geist, eine besondere Energiequalität. Gemeint war dabei nicht ein konkretes Tier, also nicht ein bestimmter Bär, sondern der Bär an sich. Das schloß nicht aus, daß die Menschen einem Bären in seiner konkreten Erscheinungsform nicht ebenfalls die typische Qualität der Bärenenergie zuerkannten. Aber sie verehrten den Bärengeist als solchen. Und mit ihm traten sie in Kontakt, wenn sie seinen Rat, seine Hilfe oder seine Kraft benötigten. Wer nicht in Beziehung zu einem Krafttier stand oder diese Verbindung durch Nachlässigkeit verloren hatte, b⁻ und sich nach ihrer Auffassung in einer sehr schwachen und verletzlichen Situation. Denn er hatte den Kontakt zu seiner eigenen Tiernatur eingebüßt. Das dürfte für die meisten in den Industrienationen lebenden Menschen zutreffen.

Doch selbst in hochtechnisierten, der Natur in vieler Hinsicht entfremdeten Kulturen lebt die Kraft der Tiere noch in der Sprache weiter. Da gibt es Gasthöfe zum Hirschen oder zum Ochsen. Jemand ist schlau wie ein Fuchs, stark wie ein Löwe, scheu wie ein Reh oder hat einen Bärenhunger. Selbst die moderne Sprache der industriellen Werbung beschwört noch immer besondere Tierkräfte, indem sie bestimmte Tiersymbole als Embleme benutzt. Der Werbespruch „Pack den

Tiger in den Tank" beispielsweise war lange Zeit ein gewaltiger Erfolg für den Esso-Konzern.

Wie findet man sein persönliches Krafttier? – Bei den Naturvölkern war es nicht so, daß sich jeder sein Krafttier suchte, sondern das Tier kam zu ihm. Das geschah entweder in realen Begegnungen in der Natur, meist aber in Visionen, Träumen oder in spontanen Tänzen. Oft sind es wiederkehrende Träume, in denen ein bestimmtes Tier eine wichtige Rolle spielt. Manchmal begegnet man diesem Tier zunächst mit Angst, mit Erfurcht. Aber viele Menschen erleben es als hilfreich und beschützend.

Obwohl wir in einer hochtechnisierten Zivilisation leben, ist es auch für uns moderne Menschen möglich, die Beziehung zu einem Krafttier aufzubauen und zu pflegen. Kindern fällt es noch immer ausgesprochen leicht, solche Begegnungen herbeizuführen. Denn ihre Nähe zur Natur ist meist noch unmittelbarer erhalten als bei uns Erwachsenen. Sie kennen oftmals ihr Lieblingstier, begegnen ihm im Traum oder fühlen sich im Zoo auf seltsame Weise zu bestimmten Tieren hingezogen.

Entspann dich bitte zuerst wieder nach der Methode,
die du schon kennst (S. 39).

♥

Du bist jetzt ganz ruhig
und ganz warm
und ganz schwer.

Stell dir nun bitte
vor deinen Augen
einen Waldrand vor.

Du siehst die vielen Bäume vor dir.
Und du siehst die Lücken dazwischen.

Dunkel ist es dort.
Vielleicht fühlst du dich
dabei ein wenig unbehaglich.

Schau trotzdem genau hin
auf diese dunklen Stellen
zwischen den Bäumen,
und geh ruhig etwas näher heran
an den Wald,
den du vor dir siehst.

Vielleicht spürst du aber auch
ein Gefühl von Spannung,
von Abenteuer.
Du hast Lust,
in den Wald hineinzugehen,
zu erleben,
welches Geheimnis
dort auf dich wartet.
Der Wald lädt dich ein.

Und wenn sich deine Augen ein wenig
an die Dunkelheit gewöhnt haben,
kannst du vielleicht ein paar Schritte weit
in den Wald hineingehen.
Probier es einfach.

Und es kann sein,
daß dir
ein Tier begegnet
hier in dem Wald
zwischen den Bäumen.
Schau einfach hin.

Und wenn es möglich ist,
gib diesem Tier etwas zu fressen.

Es kann sein,
daß es Hunger hat.
Du kannst auch
zu ihm sprechen,
wenn du willst.
Manchmal verstehen Tiere
die Sprache der Menschen.
Manchmal können sie sogar selbst
die Sprache der Menschen sprechen.

Welches Tier dir auch immer begegnet,
es ist kein Zufall.
Dieses Tier will dir etwas sagen.
Es hat eine Botschaft für dich.

Vielleicht spricht es zu dir.
Oder es gibt dir irgendein Zeichen.
Vielleicht läuft es einfach vor dir her,
damit du ihm folgst,
weil es dir etwas zeigen will,
etwas, das wichtig für dich ist,
etwas Spannendes,
etwas Abenteuerliches,
ein Geheimnis vielleicht,
etwas, das du immer schon
erleben wolltest.

Du folgst dem Tier
tiefer in den Wald.
Der Wald hat dich eingeladen.
Du brauchst keine Angst zu haben.
Das Tier ist dein Helfer.
Es kennt sich hier aus.
Es schützt dich,
was auch immer geschieht.

Dein Abenteuer beginnt.
Ich laß dich jetzt eine Weile
mit deinen Bildern allein.

Wenn du das Gefühl hast,
du hast jetzt genug erlebt,
dann gib mir bitte
ein kleines Zeichen
mit der Hand.

❤
❤
❤

Geh nun bitte
wieder aus dem Wald heraus,
so wie du gekommen bist.

Nimm Abschied von deinem Helfertier,
von deinem Krafttier.
Du kannst es
jederzeit wiedersehen,
wenn du willst.

Bedanke dich bei ihm,
daß es dich geführt hat
und weiter
für dich da sein will.

Und langsam
spürst du jetzt,
wie dein Körper
wieder ganz leicht wird.

Und wenn ich gleich bis drei zähle,
dann kommst du bitte
wieder zurück aus deiner Entspannung.

Und du fühlst dich
wieder frisch und frei.

Ich zähle jetzt bis drei:

eins,

zwei

und drei!

Und zurückkommen bitte!

Der fliegende Teppich

Eine Reise um die ganze Welt, wer hätte sie sich nicht als Kind gewünscht! Reisen ist ein Abenteuer. Reisen ist das Abenteuer Leben. In Kindern steckt fast immer der unbändige Drang, dieses Abenteuer vorbehaltlos zu erleben. Die Reise mit dem fliegenden Teppich schafft ihnen jede Möglichkeit, die unbegrenzte Welt ihrer Fantasie voll zu erfahren. Wenn sie in die Wirklichkeit ihres Alltags zurückkehren, werden sie reicher sein an Begegnungen – auch mit sich selbst.

Entspann dich bitte zuerst wieder,
so wie du es schon kennst (S. 39).

♥

Und nun stell dir bitte
ein orientalisches Märchenschloß vor,
einen prächtigen Palast
mit vielen Türmen
und Sälen
und mit schattigen Gärten,
denn die Sonne
brennt heiß.

Durch ein großes Tor
gehst du
hinein in den Palast.

Der Wächter am Tor
begrüßt dich,
als ob er schon
auf dich gewartet hätte.
Er zeigt dir den Weg.

In einem der Gärten
mitten auf dem grünen Rasen
liegt ein Teppich ausgebreitet.

Du siehst sofort:
Es ist ein besonderer Teppich.
Und er liegt
für dich dort bereit.

Du gehst näher heran.
Du betrachtest
das kunstvolle Gewebe,
aus dem er besteht.

Und du begreifst:
Dieser Teppich
kommt direkt
aus einem orientalischen Märchen.
Er hat geheimnisvolle Eigenschaften.
Er kann fliegen.

Du setzt dich auf den Teppich.
Du ruhst dich vielleicht ein wenig aus
und denkst gerade darüber nach,
wie viele fremde Länder
es doch auf dieser Welt gibt
und wie schön es wäre,
sie zu sehen.

Kaum hast du diesen Gedanken gedacht,
da hebt der Teppich
langsam vom Rasen des Palastes ab.

Du schwebst
über den Türmen des Märchenschlosses,
über der Stadt,

über dem Land,
über der Wüste.

Und du denkst:
Wenn der Teppich
ein wenig mehr
nach links fliegen würde,
könntest du vielleicht
in Afrika zwischenlanden.

Kaum hast du
diesen Gedanken gedacht,
da biegt der Teppich nach links ab.
Und bald schon
siehst du Afrika
unter dir.

Da sind Wälder.
Da ist Wüste.
Da rennen Giraffen durch
eine parkähnliche Landschaft
und Elefanten.

Du siehst die Hütten
eines Eingeborenendorfes.
Und du denkst gerade,
wie schön es wäre,
die Menschen dort unten zu besuchen,

da schwebt der Teppich tiefer.
Er landet
mitten auf dem freien Platz
im Dorf
der Eingeborenen.

Von allen Seiten

strömen Menschen herbei.
Sie sind freundlich zu dir.

Sie begrüßen dich.
Du verstehst ihre Sprache nicht.
Aber ihr verständigt euch
durch Zeichen.

Aus hölzernen Schalen
bieten die Eingeborenen
dir Kokosmilch an.
Du trinkst
und fühlst dich
wunderbar erfrischt.

Dann fangen sie an,
ihre Trommeln zu schlagen,
erst langsam,
dann immer schneller.

Und die Menschen
beginnen zu tanzen
mitten am Tag
auf dem Dorfplatz
in einem Kreis
um dich
und um deinen Teppich.

Und irgendwann
steigst du
von deinem Teppich.
Und du tanzt mit ihnen
einen wilden Tanz
solange,
bis du müde geworden bist
und alle
müde sind.

Dann legst du dich
auf deinen Teppich
und ruhst dich
ein wenig aus.

Du denkst vielleicht gerade,
wie schön diese Welt ist
und wieviel Wunderbares
es auf ihr zu sehen gibt,

da schwebt dein Teppich
schon wieder.
Er hebt ab vom Dorfplatz.
Die Menschen unten
winken dir zu.
Und du winkst ihnen zurück.

Deine Reise durch die Welt
geht weiter.

Du weißt,
du brauchst nur
an ein Land zu denken,
und der Teppich
bringt dich dorthin.

Denk dir jetzt
ein Ziel.
Du kannst dort erleben,
was du immer schon
erleben wolltest.

Du hast Zeit
für alle Abenteuer der Welt.

Und wenn du genug erlebt hast,
dann gib mir bitte wieder

ein kleines Zeichen
mit deiner Hand.

♥
♥
♥

Du hast viel gesehen
auf deiner Reise
mit dem Teppich
durch die ganze Welt.

Und langsam
fliegst du jetzt wieder zurück
zu der Stadt im Orient
und zu dem Palast,
bei dem deine Reise begann.

Du landest
mit dem Teppich
mitten auf dem Rasen.

Du reckst und streckst dich,
ganz wie du möchtest.
Und dann verläßt du
den Palast,
auf dem gleichen Weg,
den du gekommen bist.

Wenn du willst,
bedank dich
bei dem Wächter am Tor,
daß er dir
den Weg gezeigt hat
zu dem Teppich
und zu dieser Reise
durch die Welt.

Langsam
spürst du jetzt,
wie dein Körper
wieder ganz leicht wird.

Und wenn ich gleich
bis drei zähle,
dann kommst du
bitte wieder zurück
aus deiner Entspannung.
Und du fühlst dich
frisch und frei.

Ich zähle jetzt bis drei:

eins,

zwei

und drei!

Und zurückkommen bitte!

Eine Reise im Bauch des Wals

Jona im Walfischbauch – das ist ein Jahrtausende altes Thema, aufgezeichnet schon in der Bibel. Die Jona-Erzählung steckt prallvoll von uralten Symbolen, deren Bedeutung sich erst mit den Mitteln der modernen Tiefenpsychologie voll erschloß. Theologisch bleibt sie rätselhaft und schwer deutbar.

Der Aufenthalt im Bauch des Fisches ermöglicht eine Art von Ruhezeit, wie Kinder sie manchmal für ihre Entwicklung brauchen. Sie sind hier abgeschirmt von Außenreizen, die in unserer Zeit meist viel zu stark auf sie eindringen.

Ziel dieser Fantasiereise ist die Abgeschiedenheit einer einsamen Insel. Hier wiederholt sich das Thema der Zurückgezogenheit von der Welt, wie es im Walfischbauch erlebbar ist, noch einmal mit anderen Bildern. Zugleich ermöglicht es aber schon eine erste Orientierung in dieser neuen Welt einer positiven Einsamkeit, die wir alle – nicht nur die Kinder – von Zeit zu Zeit dringend brauchen.

Entspann dich bitte zuerst wieder,
so wie du es schon kennst (Seite 39).

♥

Du bist jetzt wieder
ganz ruhig
und ganz warm
und ganz schwer.

Und nun stell dir bitte vor:
Du stehst am Meer.

Du siehst,
wie die Wellen kommen
und gehen

und kommen
und gehen –
ganz gleichmäßig.

Und du spürst,
wie die Ruhe in dir
immer stärker wird.

Wenn du genau hinschaust,
dann siehst du:
Weit draußen
auf dem Meer
schwimmt etwas.

Du kannst
nicht genau erkennen,
was es ist.
Aber dieses Etwas
kommt näher.

Das ist kein Schiff,
was da auf dich zukommt,
auch kein Unterseeboot.

Das ist ein
gewaltig großer Fisch.
Wie ein Wal sieht er aus.

Und dieser Fisch
kommt näher und näher
zum Strand,
zu der Stelle,
an der du stehst.

Vielleicht erscheint dir
dieser gewaltige Fisch
ein wenig unheimlich,

wie er so
auf dich zuschwimmt.

Er ist so groß
wie ein Eisenbahnwagen
oder wie ein Omnibus.

Du brauchst dich
nicht vor ihm zu fürchten.
Dir geschieht nichts.

Jetzt ist der Fisch
ganz dicht bei dir
am Strand angekommen.

Er öffnet sein riesiges Maul.
Es sieht ganz so aus,
als ob er dich einladen will
zu einer Reise durch das Meer.

Steig einfach ein!
Klettere in sein Maul.
Er hält es für dich offen.

Wenn du in seinem Maul
angekommen bist,
wirst du
den Weg
bis in seinen Bauch
weiter finden.

❤

Du bist jetzt
tief im Inneren des Fisches.

Der Fisch
hat sein Maul zugeklappt.

Mach es dir bequem
in seinem riesigen Bauch.
Die Reise beginnt.

Es ist still um dich.
Leise,
durch die Bauchwand
des Fisches gedämpft,
hörst du
von draußen
das Wasser glucksen.

Hier im Bauch des Fisches
ist es dämmerig
und angenehm warm.

Vielleicht
möchtest du dich
hier unten
ein wenig genauer umschauen.
Du hast Zeit.

Streck dich bequem aus,
wenn du dich
ausruhen möchtest.
Die Reise
durch die Weltmeere
wird eine Weile dauern.

❤
❤

Der Fisch scheint jetzt
langsamer zu schwimmen.

Es ist,
als ob sein Bauch
über Sand gleitet.

Und dann öffnet er
sein gewaltiges Maul
wie ein großes Tor.

Du kletterst hinaus
aus dem Fisch.

Du kannst dich
bei ihm bedanken dafür,
daß er dich mitgenommen hat,
wenn du willst.

Dann gehst du
an Land.

Du betrittst
den Boden einer Insel.

Es sieht so aus,
als ob hierher
seit langem kein Mensch
mehr gekommen ist.

Schau dich um.
Du hast Zeit,
die ganze Insel
in Ruhe
zu erkunden.

Wenn du genug erlebt hast,
gib mir einfach
ein kleines Zeichen
mit deiner Hand.

❤
❤
❤

Geh jetzt bitte wieder
zum Strand,
zu der Stelle,
an der du
die Insel betreten hast.

Ruf
den Fisch herbei!
Er wird dich zurückbringen
zu dem Strand
in deinem Land,
dorthin,
wo deine Reise
begonnen hat.

❤

Langsam
spürst du jetzt,
wie dein Körper
wieder ganz leicht wird.

Und wenn ich
gleich bis drei zähle,
dann kommst du
bitte wieder zurück
aus deiner Entspannung.

Und du fühlst dich frisch
und frei.

Ich zähle jetzt bis drei:

eins,

zwei

und drei.

Und zurückkommen bitte!

2 *Freude*

Spiel mit dem Delphin

Diese Übung eignet sich besonders, Kontakt zu dem Element Wasser aufzunehmen und ihn zu verstärken. Das Wasser ist den Menschen seit uralter Zeit heilig. Denn sie wußten um seine lebenserhaltende und heilende Kraft. In der Sprache unserer Träume ist das Wasser noch immer der Ort der Seele. Es verkörpert psychische Energie. Nach fast allen mythischen Schöpfungserzählungen hat das Leben seinen Ursprung im Wasser. Die modernen Wissenschaften kommen zu keinem anderen Ergebnis.

Begegnungen mit dem Wasser in Träumen und Fantasiereisen stärken den Kontakt zum eigenen Unbewußten. Das „Wasser des Lebens" läßt die Lebensenergie reichlich fließen – nicht nur im Märchen und in den alten Mythen.

Daß in dieser Fantasiereise die Begegnung mit einem Delphin eine Rolle spielt, ist kein Zufall. Der Delphin gilt als äußerst intelligentes Tier, das große Nähe zu den Menschen hat. Nach vielen Überlieferungen sollen Delphine selbst ertrinkende Menschen auf ihren Rücken genommen und sie gerettet haben. Entsprechend eng ist in der Symbolsprache der Träume die Beziehung zwischen ihnen und dem Menschen.

Entspann dich bitte zunächst wieder nach
der dir vertrauten Methode (Seite 39).

♥

Du bist jetzt tief entspannt
und ganz warm
und ganz schwer
und ganz ruhig.

Alles geschieht
wie von selbst.
Und du läßt einfach geschehen,
was geschehen will.

Stell dir nun vor deinen Augen
das Bild des Meeres vor.

Du stehst am Strand.
Und du schaust
auf die Wellen vor dir,
wie sie kommen
und gehen,
und kommen
und gehen,
kommen
und gehen,
immer wieder,
gleichmäßig und selbstverständlich.

Und du spürst dabei,
wie nahe dir das Meer ist.
Du und das Meer –
ihr versteht euch.
Du gehörst zum Meer.

Und wenn du jetzt
über das Meer schaust,
dann siehst du vielleicht,
wie von dort draußen
ein Fisch heranschwimmt.

Er springt aus dem Wasser
ab und zu,
voll Kraft.
Dann taucht er wieder unter.

Der Fisch kommt näher.
Kein Zweifel:
Er will zu dir.

Es ist ein Delphin,
der da immer näher
zu dir schwimmt.

Wieder springt er
aus dem Wasser
in einem hohen, eleganten Bogen.
Er gibt dir ein Zeichen.
Dann ist er wieder
im Wasser verschwunden.

Aber schon taucht er
wieder auf.
Er gibt dir zu verstehen:
Du kannst ins Wasser kommen
zu ihm.

Er möchte mit dir spielen.
Er ist dein Freund.

❤

Du badest.

Das Wasser erfrischt angenehm.
Und es trägt dich.
Du kannst ihm vertrauen.

Leg dich einfach
auf das Wasser
und warte ab,
was geschieht.

❤

Du spürst eine ganz leichte Berührung.
Es ist, als ob dich jemand anstupst,
ganz behutsam,
ganz vorsichtig.

Es ist der Delphin.
Er begrüßt dich.
Er will dir in seiner Sprache sagen:
Ich bin da.
Wir können anfangen
mit unserem Spiel.

Du verstehst seine Sprache.
Und du antwortest.
Und er versteht dich.
Delphine sind kluge Tiere.

Und dann beginnt euer Spiel.
Der Delphin
taucht unter dir durch.
Er umkreist dich,
springt aus dem Wasser
in deiner Nähe,
als ob er dich naßspritzen wollte
aus Spaß.
Dann verschwindet er
und taucht an einer ganz anderen Stelle wieder auf,
wo du ihn nicht vermutet hättest.

Du packst seine Flosse.
Du hältst dich an ihr fest.
Der Delphin zieht dich.
Mit ihm schwimmst du
so schnell wie ein Fisch.

Du fühlst dich
wie ein Delphin.
Du schwimmst wie ein Delphin.
Du atmest wie ein Delphin.
Du bist jetzt
ein Delphin:

Es ist so,
als ob du der Bruder
dieses Delphins neben dir bist,
oder seine Schwester.

Er ist dir sehr vertraut,
dieser Delphin neben dir.
Du kennst ihn schon lange.

Ihr beide schwimmt um die Wette.
Du schwimmst ebenso elegant
wie er.

Ihr taucht unter
vielleicht
und wieder auf.

Ihr schwimmt in Kreisen umeinander,
springt aus dem Wasser
und über Wellen hinweg.

Euer Spiel
ist ein wunderschönes Spiel:
wild und lebendig ,
und voll Kraft.
Jeder weiß genau,
was der andere tut.
Ihr versteht euch ausgezeichnet,
du und dein Freund Delphin.

Ihr taucht tiefer
bis auf den Meeresgrund.

Du siehst andere Fische:
kleine, blitzschnelle,
sie schwimmen in Schwärmen,
und größere,
mit ihren ruhigen Bewegungen.

Du siehst seltsame Pflanzen
dort unten auf dem Meeresgrund,
Felsenriffe,
den Eingang einer Höhle vielleicht
und noch viel viel mehr Geheimnisvolles,
was du
noch nie in deinem Leben
zuvor gesehen hast.

Ich laß dich jetzt eine Weile allein.
Du bekommst genug Luft.
Denn du atmest
wie ein Delphin.

Wenn du genug erlebt hast,
dann gib mir bitte
wieder ein kleines Zeichen mit der Hand.
Und ich werde dich zurückbegleiten.

❤
❤
❤

Langsam
trittst du jetzt
den Rückweg an.

Nimm Abschied
von deinem Freund,
dem Delphin.
Danke ihm,
wenn du willst,
für das wundervolle Spiel,
das du mit ihm erlebt hast.

Du kannst ihn
wieder besuchen,
irgendwann,
wenn du willst.

Doch jetzt nimmst du wieder
deine menschliche Gestalt an.
Dein Körper
ist wieder der Menschenkörper,
in dem du sonst immer wohnst.

Und mit diesem Körper
schwimmst du jetzt
wieder zurück zum Strand.

Du steigst aus dem Wasser.

Und langsam
spürst du jetzt,
wie dein Körper
wieder ganz leicht wird.

Und wenn ich gleich bis drei zähle,
dann kommst du bitte
wieder zurück aus deiner Entspannung.
Und du fühlst dich wohl
und erfrischt von deinem Bad
und von deinem Spiel
mit dem Delphin.

Ich zähle jetzt bis drei:

eins,

zwei

und drei!

Und zurückkommen bitte!

Wasser des Lebens

Diese Übung eignet sich besonders, Kontakt zu dem Element
Wasser zu vertiefen und zu verstärken. Sie knüpft unmittelbar an die vor diesem Text stehende Wassermeditation „Spiel
mit dem Delphin" an, kann aber ebensogut auch unabhängig
von ihr durchgeführt werden.

Entspann dich bitte zunächst wieder nach
der dir vertrauten Methode (Seite 39).

❤

Du bist jetzt tief entspannt
und ganz warm
und ganz schwer
und ganz ruhig.

Alles geschieht
wie von selbst.
Und du läßt einfach geschehen,
was geschehen will.

Stell dir nun vor deinen Augen
das Bild des Meeres vor.

Du stehst am Strand.
Und du schaust
auf die Wellen vor dir,
wie sie kommen
und gehen,
und kommen
und gehen,
und kommen
und gehen,
und kommen

und gehen,
immer wieder,
ganz gleichmäßig
und selbstverständlich.

Und während du auf die Wellen schaust,
die kommen und gehen,
spürst du,
wie nahe dir das Meer ist.
Du fühlst dich
dem Meer eng verbunden.
Du gehörst zum Meer.
Und das Meer gehört zu dir.

Das Wetter ist angenehm warm.
Und wenn du Lust dazu hast,
kannst du jetzt ein Bad im Meer nehmen.

♥

Das Wasser erfrischt angenehm.
Und es trägt dich.
Du kannst ihm vertrauen.

Leg dich einfach
auf das Wasser
und warte ab,
was geschieht.

♥

Die Wellen schaukeln
deinen Körper ganz sanft
wie ein Boot,
das da im Meer treibt
ohne Ziel
und ohne Plan.

Das Wasser streichelt deine Haut
sanft und zärtlich.
Du genießt diese Berührung,
ohne viel zu denken,
einfach so.

Und irgendwann
drehst du dich um
auf den Bauch,
steckst dein Gesicht in das Wasser
und schaust,
wie es dort unter dir im Wasser aussieht.

Schau einfach nur genau hin.
Das Bild wird sich ganz von selbst entfalten.

Und wenn du willst,
tauchst du ein wenig
tiefer ins Wasser.
Probier es einfach.

Du hast genug Luft.
Denn du atmest
wie ein Fisch.
Und du kannst dich bewegen
wie ein Fisch.

Ich laß dich jetzt eine Weile allein.
Wenn du genug erlebt hast,
dann gib mir bitte
ein kleines Zeichen mit der Hand.
Und ich werde dich zurückbegleiten
zum Strand.

♥
♥
♥

Ruh dich noch einen Augenblick lang
an der Wasseroberfläche aus.

Langsam
schwimmst du jetzt
zurück zum Strand.

Du steigst aus dem Wasser.

Du spürst jetzt,
wie dein Körper
wieder ganz leicht wird.

Und wenn ich gleich bis drei zähle,
dann kommst du bitte
wieder zurück aus deiner Entspannung.
Und du fühlst dich wohl
und erfrischt von deinem Bad.

Ich zähle jetzt bis drei:

eins,

zwei

und drei!

Und zurückkommen bitte!

Die Kraft der Sonne spüren

Diese Übung bewirkt einen intensiven Kontakt zur kosmischen Kraft der Sonne. Im Gegensatz zur weiblich-mütterlichen Energie der Erde handelt es sich bei ihr nach alter Vorstellung um eine eher männlich-väterliche Kraft. Wer sie erlebt, gewinnt viel an Klarheit in seinem Denken und in seinem Bewußtsein überhaupt. Auch entsteht oftmals ein ganz neues Gefühl für die Ordnung des Kosmos, in der wir stehen, mit der wir fest verbunden sind, auch wenn uns das bisher nicht in jedem Augenblick unseres Lebens voll bewußt war.

Entspann dich bitte zunächst wieder nach
der Methode, die du schon kennst (Seite 39).

❤

Du bist jetzt tief entspannt
und ganz ruhig
und ganz warm
und ganz schwer.

Wenn jetzt noch irgendwelche Gedanken
oder Empfindungen aus deinem Alltag zu dir kommen,
so nimmst du sie
einfach zur Kenntnis.
Du bemerkst,
daß sie da sind.
Aber dann
läßt du sie los.
Sie fließen ab
durch deine Hände
und Füße
hinein in den Boden.

Was bleibt,
ist Ruhe,
ganz tiefe Ruhe.

Und du gehst jetzt noch tiefer
in deine Ruhe,
bis du ganz tief entspannt bist
und ganz warm
und ganz schwer.

♥

Stell dir nun bitte
vor deinen Augen vor:
Du stehst auf einem Berg,
auf einem sehr hohen Berg.

Über dir ist nur der Himmel.
Alles andere
liegt weit unter dir.
Vielleicht erkennst du
weit in der Ferne
Städte, Dörfer,

oder Wiesen,
Felder.

Alles,
was du siehst,
ist richtig so,
wie du es siehst.

Vielleicht siehst du den Wald
unter dir
oder andere Berge
in deiner Umgebung.

Aber du stehst auf dem höchsten Gipfel.
Und rundherum hast du freie Sicht.

Die Luft ist sehr klar hier oben.
Und die Sonne scheint.

Und du stehst hier oben
und nimmst ihr gold-weißes, klares Licht
in dich auf.

Du spürst jetzt,
wie dieses Licht
durch deinen ganzen Körper strömt:

durch den Kopf,
den Nacken,
die Arme,
den Brustraum.

Dieses Licht strömt weiter
durch deinen Bauch,
die Beine hinunter
und dann in den Boden.

Du bist ganz und gar erfüllt
von diesem wunderbaren weißen und goldenen Licht.

Dein ganzer Körper besteht jetzt
aus diesem Licht.
Du verschmilzt mit diesem Licht.

Du strahlst dieses Licht aus.
Du bist dieses Licht.
Und du erlebst dieses wunderschöne Gefühl dabei,
wie es ist,
ganz aus Licht zu sein.

Und du nimmst
von diesem Licht
soviel auf,
wie du magst.

Ich lasse dich jetzt
für eine Weile allein.

Und wenn du das Gefühl hast,
es ist jetzt genug,
dann gib mir bitte
ein kleines Zeichen mit deiner Hand.
Ich werde dann wieder bei dir sein.

❤
❤
❤

Schau dich noch einmal um
auf deinem Berggipfel.

Und nimm jetzt Abschied von all dem,
was du hier oben gesehen und erlebt hast.
Es wird in dir bleiben.

Steig nun herunter
von deinem Berg,
auf dem du so viel erlebt hast.

Und wenn du unten am Fuße des Berges
angekommen bist,
dann gib mir wieder ein kleines Zeichen
mit deiner Hand.

❤
❤

Langsam
spürst du jetzt,
wie dein Körper
wieder ganz leicht wird.

Und wenn ich gleich bis drei zähle,
dann kommst du bitte wieder zurück
aus deiner Entspannung.
Und du fühlst dich frisch und frei
und voll von Ruhe und neuer Kraft.

Ich zähle jetzt bis drei:

eins,

zwei

und drei!

Und zurückkommen bitte!

In einem Boot auf dem Wasser treiben

Um im Halbdunklen eine alte Steintreppe in einer unbekannten Umgebung hinunterzugehen, braucht man schon ein wenig Mut und Vertrauen. Aber zugleich weckt die Vorstellung an eine solche Szene Neugier und Freude, Neues zu entdecken: Beides aber sind Eigenschaften, die Kinder brauchen, um das Abenteuer Leben erfolgreich zu bestehen.

In der Symbolsprache der Träume führt die Treppe hinab in das Reich des Unbewußten. Vieles ist uns dort unbekannt. Im Dämmerlicht ahnen wir mehr, als wir erkennen können. Doch wenn wir uns länger in diesem Zwischenreich aufhalten, erfahren wir immer mehr über unsere unbewußten Seiten. Wir erleben unsere Emotionen bewußter und intensiver.

Das Wasser verkörpert seelische Energie. Wer die Treppe zum Wasser hinuntersteigt, gewinnt Kontakt zu seinen eigenen Quellen und erhält viel psychische Kraft, die wir alle in unserem Leben brauchen.

Entspann dich bitte wieder so,
wie du es schon kennst (Seite 39).

Du bist jetzt wieder
ganz ruhig
und ganz warm
und ganz schwer.

♥

Und nun stell dir bitte
vor deinen Augen vor:
Du stehst
an einer altenTreppe.
Sie ist
ganz aus Stein.

Die Stufen dieser Treppe
winden sich
bis tief hinunter.

Du kannst nicht genau erkennen,
wohin sie führt.
Das Licht ist dämmerig.

Aber du kannst dort hinuntergehen,
wenn du willst.

Du brauchst keine Angst zu haben.
Dir geschieht nichts.

Und wenn du jetzt
diese Treppe hinuntergehst,
dann führt sie dich
immer weiter abwärts
in diesem schummerigen Licht.
Eine Stufe
nach der anderen
gehst du.

Bis du schließlich
ganz unten
am Ende der Treppe
angekommen bist.

Und wenn du genau hinschaust,
dann merkst du,
daß du
am Ufer eines Sees stehst.

Ein Boot
liegt vor dir
im Wasser.

Es wartet auf dich.

Du steigst ein
in das Boot.
Weiche Decken liegen
auf dem Boden ausgebreitet.

Du legst dich in das Boot
und kuschelst dich
gemütlich in die warmen Decken.

Und tief entspannt
liegst du jetzt
in diesem Boot.

Du hörst,
wie die Wellen
ganz leicht
gegen die Wände des Bootes schlagen.

Du spürst,
wie das Boot
ganz leise
im Wasser schaukelt.

Du riechst
den Duft
des Wassers.

Das Boot schwimmt jetzt
auf diesem See.
Und du liegst in dem Boot,
schön warm
in deine Decken gekuschelt.

Und du läßt dich
einfach treiben,
wohin das Boot schwimmt.

❤

❤

Langsam spürst du,
wie es heller
um dich herum wird.

Die Sonne geht auf.
Du fühlst ihre warmen Strahlen
auf deinem Gesicht.
Und ein sanfter Wind streicht
ganz zärtlich
über dich hinweg.

Vögel singen
irgendwo am Ufer
in deiner Nähe.

Fische springen
kurz aus dem Wasser
und tauchen wieder ein.

Die Luft riecht
nach Sonne
und nach Wasser,
nach Sommermorgen,
nach Wärme,
und nach Ferien
und von den Uferwiesen her
nach Heu.

Du atmest
diese Luft tief ein

und du spürst,
wie angenehm sie ist.

Du fühlst dich
rundum wohl
und zufrieden.

Und du genießt dieses Gefühl,
nichts zu tun,
sondern nur zu fühlen,
wie schön alles um dich herum ist.

Wenn du
genug aufgenommen hast
von dem Duft
der Sonne
und des Wassers
und der Wiese,
dann gib mir bitte wieder
ein kleines Zeichen
mit deiner Hand.

❤

Das Boot
ist wieder
am Ufer angekommen.
Ganz langsam
steigst du aus.

Und du gehst
die Steintreppe hinauf,
die du schon kennst.
Jetzt siehst du sie
im hellen Tageslicht.

Langsam spürst du jetzt,
wie dein Körper
wieder ganz leicht wird.

Und wenn ich gleich
bis drei zähle,
dann kommst du
bitte wieder zurück
aus deiner Entspannung.
Und du fühlst dich
angenehm wohl
und voll von all dem Schönen,
was du erlebt hast.

Ich zähle jetzt bis drei:

eins,

zwei

und drei!

Und zurückkommen bitte!

3 *Wünsche*

Eine alte Truhe auf dem Dachboden öffnen

Unsere Träume sprechen ebenso wie die alten Volksmärchen
oft in uralten Symbolen. Die Truhe auf dem Dachboden ist in
der Sprache der Symbole meist ein Ort, an dem wir alte, längst
vergessene Inhalte aufbewahren. Das Haus, in dem wir wohnen, gilt als Abbild unserer Persönlichkeit. Der Dachboden
dieses Hauses ist der Ort, an dem wir verdrängte Erinnerun-
gen aufbewahren. Sie ans Tageslicht unseres Bewußtseins zu
befördern, unsere verborgenen Ängste und Wünsche einmal
näher zu betrachten, kann überraschend und oft recht hilfreich für unsere persönliche Entwicklung sein.

Fast immer haben die Gegenstände, die wir in der Truhe
finden, etwas mit uns selbst zu tun. Sie können uns Wichtiges über uns selbst sagen. Manchmal stehen diese Gegenstände symbolhaft verschlüsselt für etwas anderes. Ein gutes
Traumlexikon kann Ihnen hier helfen, der eigentlichen Bedeutung auf die Spur zu kommen.[3]

Entspann dich nun bitte zuerst wieder so,
wie du das schon kennst (Seite 39).

Du bist jetzt
ganz ruhig
und ganz warm
und ganz schwer.

Du bist tief entspannt.

♥

---

[3] Literaturhinweise hierzu finden Sie am Schluß dieses Buches.

Und nun geh bitte
in deiner Vorstellung
hinauf auf den Dachboden
des Hauses,
in dem du wohnst.

Schau dich um
hier oben.

Es kann sein,
daß du allerlei alte Gegenstände
herumstehen siehst,
Dinge,
die niemand mehr braucht,
die längst vergessen sind.

Schau sie dir an.

Und wenn du genau hinschaust,
dann siehst du
irgendwo im Halbdunkel versteckt
eine alte Truhe.

Geh näher heran.
Schau sie dir genau an.

Vielleicht ist sie von Staub bedeckt
oder von Spinnweben,
denn sie steht schon sehr lange hier oben,
unbeachtet, vergessen.

Und wenn du willst,
dann kannst du diese Truhe
jetzt öffnen.

Es kann sein,
daß der Deckel ein wenig klemmt

und schwer aufgeht.
Aber du wirst es schon schaffen.
Probier es.

Und wenn du die Truhe geöffnet hast,
dann schau
hinein,
was sich darin verbirgt.

Pack aus,
was du findest.
Du wirst vielleicht
überrascht sein…

Du hast jetzt genug Zeit,
das alles auszupacken,
was du in der Truhe findest,
und es dir genau anzuschauen.

Wenn du genug gesehen hast,
dann gib mir bitte ein kleines Zeichen
mit der Hand.

❤
❤
❤

Komm bitte nun
wieder herunter vom Dachboden.

Wenn du willst,
kannst du
den einen oder anderen Gegenstand
mitnehmen,
den du
in der Truhe gefunden hast.

Langsam spürst du jetzt,
wie dein Körper
wieder ganz leicht wird.

Und wenn ich gleich bis drei zähle,
dann kommst du bitte wieder zurück
aus deiner Entspannung
Und du fühlst dich frisch und frei.

Ich zähle jetzt bis drei:

eins,

zwei

und drei!

Und zurückkommen bitte!

Im Theater: Ein Rolle spielen

In jedem Menschen steckt der Wunsch, eine Rolle zu spielen. Genauer gesagt: Es gibt viele Rollen, die wir im Laufe unseres Lebens spielen. Manche von ihnen spielen wir gern, andere lieben wir nicht so sehr. Manchmal haben wir das Gefühl, daß uns eine Rolle aufgezwungen worden ist. Wir würden sie gern abschütteln. Aber aus den unterschiedlichsten Gründen gelingt uns das nicht.

Kinder suchen ihre Rolle noch, die sie im Leben spielen möchten und spielen werden. Im Spiel erproben sie die verschiedensten Rollen. Im Spiel können sie unverbindlich handeln, sich auch Fehler leisten, die in der Erwachsenenwelt vielleicht verhängnisvolle Folgen hätten. Kinder proben auf diese Weise für die Rolle ihres Lebens. Deshalb ist es so wichtig, ihnen Raum in ihrer Fantasie zu geben, damit sie dort zunächst die Rolle für ihr Leben erspüren können.

Entspann dich bitte jetzt zuerst einmal wieder,
so wie du das schon kennst (Seite 39).

♥

Du bist jetzt
ganz ruhig
und ganz schwer
und ganz warm.

Stell dir nun bitte vor:
Du bist im Theater.

Du gehst hinauf
auf die Bühne.

Und du gehst hinter die Bühne –

einen langen Flur entlang,
immer weiter,
bis du schließlich
in einen Raum kommst,
in dem die Kostüme
für die Schauspielerinnen
und für die Schauspieler
aufbewahrt werden.

Du gehst hinein
in diesen Raum,
und du schaust dich um hier.
Du siehst die langen Reihen
mit den unterschiedlichsten Kostümen.
Bunt, in allen Farben
hängen sie dort.

Such dir eins aus!
Such dir das Kostüm
für die Rolle aus,
die du am liebsten
in deinem Leben
spielen möchtest!

Du hast Zeit.

♥

Wenn du
das richtige Kostüm gefunden hast,
probier es an!

Du findest
einen großen Spiegel
irgendwo in dem Raum.

Da ist auch ein Schminktisch.
Du findest dort alles,
was du brauchst.

Und wenn du fertig angekleidet
und vielleicht auch geschminkt bist,
dann geh nach vorn
auf die Bühne.
Spiel deine Lieblingsrolle.
Spiel so,
wie du gern sein möchtest
in deinem Leben.

Es kann sein,
daß auf der Bühne
auch noch andere Menschen sind,
die du brauchst,
um mit ihnen zusammen
deine Rolle zu spielen.

Sie werden mitspielen.
Probier es einfach aus!

Ich laß dich jetzt eine Weile allein.
Wenn du genug gespielt hast,
gib mir bitte mit der Hand
ein kleines Zeichen.

♥
♥

Geh nun bitte wieder zurück
hinter die Bühne
in den Kleiderraum,
den du schon kennst.

Zieh dir wieder
deine eigene Kleidung an.
Schmink dich ab,
wenn du dich angemalt hattest.

Und geh nun wieder
hinaus aus dem Theater.

Du spürst jetzt,
wie dein Körper
wieder ganz leicht wird.

Und wenn ich gleich bis drei zähle,
dann kommst du
bitte wieder zurück
aus deiner Entspannung.
Und du bist wieder du selbst,
so wie du immer bist,
und so wie du sein möchtest.
Und du fühlst dich frisch und frei.

Ich zähle jetzt bis drei:

eins,

zwei

und drei!

Und zurückkommen bitte!

In ein Bild hineingehen

Diese Übung kann helfen, Wunschträume zu erfüllen. Sie richtet unser Bewußtsein auf eine Welt, in der wir gern leben würden, in der wir uns wohlfühlen, in der wir vielleicht Geborgenheit erleben, Schutz, oder aber die Chance, unseren Mut zu erproben, unsere Grenzen zu erfahren und sie womöglich zu erweitern.

Das alles sind wichtige Erfahrungen für Erwachsene, erst recht aber für Kinder. In ihnen gelingt es, Mangelzustände in unserem realen Leben auszugleichen und neue Möglichkeiten für unser persönliches Leben zu erkennen, so unwahrscheinlich sie manchmal auf den ersten Blick auch aussehen mögen.

Oft bilden unsere Wachträume solche neuen Möglichkeiten erst einmal auf symbolhaft verschlüsselte Weise ab. Aber häufig erleben Traumreisende in dieser Übung sehr direkt und unmittelbar ihre Welt, so wie sein sein könnte. Alles ist möglich, wenn wir uns unseren inneren Bildern öffnen.

Entspann dich jetzt zuerst bitte wieder so,
wie du das schon kennst (S. 39).

♥

Du bist jetzt tief entspannt
und ganz ruhig
und ganz warm
und ganz schwer.

Und nun stell dir bitte vor:
Da hängt ein Bild
an der Wand
in deinem Zimmer.

Vielleicht hast du
dieses Bild schon einmal gesehen

irgendwo,
in einem anderen Zimmer,
in einer anderen Wohnung,
in einem Buch
oder in einem Film.

Es ist ein Bild,
das du sehr gern leiden magst,
ein wunderschönes Bild.

Vielleicht stammt es
aus einem sehr schönen Traum,
den du geträumt hast,
irgendwann einmal.

Und nun hängt dieses Bild
hier in deinem Zimmer.

Schau es dir genau an.
Du hast Zeit.
Du kannst jetzt Einzelheiten
auf diesem Bild erkennen,
die du bisher
nie so gesehen hast.
Du brauchst nur
genau hinzuschauen.

♥

Wenn du Lust dazu hast,
kannst du jetzt
in das Bild hineingehen,
einfach so.
Probier es!

♥

Du bist jetzt im Bild.

Und du kannst dich in deinem Bild bewegen.
Du kannst darin gehen,
wohin du willst.

Du kannst mit den Menschen sprechen,
die du in deinem Bild triffst,
vielleicht sogar mit Tieren.

Vielleicht bist du
in einer Welt,
die dir sehr fremd vorkommt
so auf den ersten Blick.
Aber du wirst sie näher kennenlernen.

Es kann sein,
daß du jetzt Dinge erlebst,
die du immer schon
gern erleben wolltest.
Jetzt
kannst du sie erleben.
Jetzt
ist Zeit dafür.
Und alles ist möglich.

Du lebst deinen schönsten Traum
oder deinen größten Wunsch.
Es ist wie im Märchen:
Alles erfüllt sich.

Ich laß dich jetzt
wieder für eine Weile allein
mit deinen Bildern.
Und wenn du
alles gesehen hast,
was in deinem Wunschtraum

zu sehen ist,
dann gib mir bitte
ein kleines Zeichen
mit der Hand.

❤

❤

Du hast jetzt
genug gesehen
in deinem Wunschtraum.

Und langsam
kommst du wieder zurück.
Du kletterst heraus
aus deinem Bild.

Und du bist wieder dort,
wo du
diese Reise begonnen hast.

Langsam spürst du jetzt,
wie dein Körper
wieder ganz leicht wird.

Und wenn ich
gleich bis drei zähle,
dann kommst du bitte
wieder zurück aus deiner Entspannung.

Und du fühlst dich frisch
und frei.

Ich zähle jetzt bis drei:

eins,

zwei

und drei!

Und zurückkommen bitte!

Zaubern:
Drei Wünsche gehen in Erfüllung

Zaubern können bedeutet soviel, wie über ungewöhnliche Kräfte verfügen, gewaltige Macht ausüben, die im normalen Alltag nicht zur Verfügung steht. Genau das aber ist ein Thema für Kinder. Sie erleben sich in der Welt der Erwachsenen eher als ohnmächtig. Aus ihrer Sicht können die Erwachsenen alles. Sie selbst dagegen mit ihren schwachen Kräften sind kaum imstande, in dieser Welt Entscheidendes zu bewirken. Deshalb ist es wichtig, ihren Machtfantasien Raum zu geben.

Im Land der Fantasie können Kinder spielerisch unverbindlich probehandeln und dabei erfahren, daß sie durchaus imstande sind, wichtige Dinge zu bewirken. Erhalten sie die Chance hierzu, so lernen sie, ihre Macht später im Erwachsenenalter richtig einzuschätzen und angemessen zu gebrauchen. Sie lernen auch, sich der eigenen Wünsche selbst bewußt zu werden.

Entspann dich bitte zuerst wieder,
so wie du es gewohnt bist (S. 39).

♥

Du bist jetzt
ganz ruhig
und ganz warm
und ganz schwer.

Und nun stell dir bitte
das Bild eines Holzkästchens vor.

♥

Dieses Kästchen
steht vor dir.

Du brauchst es nur zu öffnen.

Darin liegt ein Zauberstab,
in roten Samt gebettet.

Er ist aus lauter Gold
und mit funkelnden Diamanten besetzt.

Und wenn du ihn
in die Hand nimmst,
dann bist du mächtiger
als alle Könige und Kaiser
der ganzen Welt zusammen.

Probier es!
Der Zauberstab
liegt für dich bereit.

Dreimal darfst du
mit ihm zaubern.
Dann ist seine Macht zu Ende.

Aber drei Wünsche erfüllt er dir,
ganz gleich,
wie groß sie sind.

Wünsch dir
alles das,
was du insgeheim
immer schon wünschen wolltest.

Jetzt hast du diesen Zauberstab,
der alles kann,
was keinem Menschen

sonst auf der ganzen Welt
möglich ist.

Probier es!
Nimm den Zauberstab
aus dem Kasten!

Dreh dich dreimal
mit ihm um dich selbst.
Und sprich deinen
ersten Wunsch aus!

Stell dir jetzt als Bild vor,
wie es aussieht,
wenn dieser Wunsch
in Erfüllung gegangen ist.

♥

Zwei Wünsche
hast du noch frei.

Sprich nun
deinen zweiten Wunsch aus!
Und dreh dich dabei wieder
mit dem Zauberstab in der Hand
dreimal um dich selbst.

Stell dir
auch diesen Wunsch
als Bild vor.

Du siehst dieses Bild
genau vor deinen Augen.

♥

Nun ist noch
ein dritter Wunsch
für dich frei.

Sag ihn
oder denk ihn!

Dreh dich wieder dreimal
mit dem Zauberstab in der Hand
um dich selbst.

Und stell dir jetzt
auch diesen Wunsch
als Bild
vor deinen Augen vor.

♥

Vieles in deinem Leben
kann jetzt anders sein,
als es bisher war.

Leg den Zauberstab
nun bitte wieder
in seinen Kasten.

Und langsam spürst du jetzt,
wie dein Körper
wieder ganz leicht wird.

Und wenn ich gleich
bis drei zähle,
dann kommst du
bitte wieder zurück
aus deiner Entspannung.

Und du fühlst dich
frisch und wohl.

Ich zähle jetzt bis drei:

eins,

zwei

und drei!

Und zurückkommen bitte!

4 Verwandlung

Der Wald hat dich eingeladen

Der Wald ist seit uralter Zeit für viele Menschen ein unheimlicher Ort. Die Römer fürchteten sich vor der Tiefe der germanischen Wälder. Nun haben unsere modernen Wälder viel an Tiefe verloren. Dennoch ist ein Rest dieser uralten Angst in uns geblieben.

In der Sprache der Märchen und unserer Träume gilt der Wald als Symbol des Unbewußten. In unseren Träumen wie in den Märchen verkörpert er meist Geheimnisvolles, Abenteuerliches, manchmal auch Dämonisches.

Exakt diese Welt des Geheimnisvollen, Abenteuerlichen und Dämonischen brauchen Kinder aber, um sich gesund entwickeln zu können. Die Augen vor den dunklen Seiten der Welt und unserer eigenen Persönlichkeit zu verschließen, ist keine Lösung. Das Dunkle in uns holt uns immer wieder ein, wenn wir uns nicht bewußt mit ihm auseinandersetzen, es anschauen und zur Kenntnis nehmen.

Es hat unter Experten vereinzelt Stimmen gegeben, die Märchen für Kinder ablehnten, weil sie zu grausam seien. Doch Kinder brauchen Märchen. Wir können auch unsere Angstträume nicht ablehnen, weil sie uns zu grausam vorkommen. Im Gegenteil: Erst wenn wir die dunklen Seiten in uns annehmen, lösen sich unsere Angstträume auf. Denn erst wenn wir ihre dunkle Botschaft zur Kenntnis nehmen, brauchen sie uns nicht mehr nachts im Schlaf zu erschrecken. Der Gang in den Wald der Fantasie ist ein Schritt auf dem Weg, Ängste abzubauen, unter denen Kinder leiden.

Entspann dich bitte zuerst wieder
nach der Methode, die du schon kennst
(Seite 39).

♥

Du bist jetzt wieder
ganz ruhig
und ganz warm
und ganz schwer.

Stell dir nun bitte
vor deinen Augen
das Bild eines Waldrandes vor.

Es kann sein,
daß du einen Waldrand siehst,
den du schon kennst.
Aber vielleicht ist es auch
ein ganz anderer.

Was auch immer geschieht,
es geschieht richtig so.

Du siehst die vielen Bäume vor dir.
Und du siehst die Lücken dazwischen.
Dunkel ist es dort.
Vielleicht fühlst du dich
dabei ein wenig unbehaglich.

Schau trotzdem genau hin
auf diese dunklen Stellen
zwischen den Bäumen,
und geh ruhig etwas näher heran
an den Wald,
den du vor dir siehst.

Vielleicht spürst du aber auch
ein Gefühl von Spannung,
von Abenteuer.
Du hast Lust,
in den Wald hineinzugehen,
zu erleben,
welches Geheimnis
dort auf dich wartet.
Der Wald lädt dich ein.

Und wenn sich deine Augen ein wenig
an die Dunkelheit gewöhnt haben,
kannst du vielleicht ein paar Schritte weit
in den Wald hineingehen.
Probier es einfach.

Und es kann sein,
daß dir
ein Tier begegnet
hier in dem Wald
zwischen den Bäumen.
Schau einfach hin.

Vielleicht ist es ein Tier,
das du schon kennst,
dein Krafttier.
Vielleicht
siehst du aber auch
ein ganz anderes Tier.

Wenn es möglich ist,
gib diesem Tier
etwas zu fressen.
Es kann sein,
daß es Hunger hat.

Du kannst auch
zu ihm sprechen
wenn du willst.
Manchmal verstehen Tiere
die Sprache der Menschen.
Manchmal können sie sogar selbst
die Sprache der Menschen sprechen.

Welches Tier dir auch immer begegnet:
Es ist kein Zufall.
Dieses Tier will dir etwas sagen.
Es hat eine Botschaft für dich.

Vielleicht spricht es zu dir.
Oder es gibt dir irgendein Zeichen.
Vielleicht läuft es einfach vor dir her,
damit du ihm folgst,
weil es dir etwas zeigen will,
etwas, das wichtig für dich ist,
etwas Spannendes,
etwas Abenteuerliches,
ein Geheimnis vielleicht,
etwas, das du immer schon
erleben wolltest.

Du folgst dem Tier
tiefer in den Wald.
Der Wald hat dich eingeladen.
Du brauchst keine Angst zu haben.
Das Tier ist dein Helfer.
Es kennt sich hier aus.
Es schützt dich,
was auch immer geschieht.
Du bist nicht allein.
Dein Abenteuer beginnt.

♥

Ganz allmählich wird es heller vor dir.
Du kommst auf eine Lichtung
mitten im Wald.
Gras wächst dort
und Moos.
Ganz weich,
wie Samt fühlt es sich an.
Die Sonne scheint durch die Zweige hindurch.
Oder ist es der Mond?

Und du gehst immer weiter
auf die Lichtung.
Und dann –
ist da ein Haus.

Schau es dir näher an.
Klopf an die Tür.
Geh hinein in das Haus.
Ein freundlicher alter Mann
sitzt da am Holztisch.
Du kannst dich zu ihm setzen,
wenn du willst.
Er scheint ein Förster zu sein.
Und er lebt hier ganz allein
in seiner Hütte.
Er freut sich über deinen Besuch.
Vielleicht bietet er dir an,
daß du mit ihm zusammen ißt.
Er deckt gerade den Tisch.
Du kannst ihm von deinem Abenteuer erzählen,
das du gerade erlebt hast.

Du kannst ihm aber auch Fragen stellen.
Wenn du mehr darüber wissen möchtest,
wie er hier im Wald lebt
so ganz allein,
dann frag ihn einfach.

Er hat Zeit für dich,
viel Zeit.

Du kannst ihn alles fragen,
was du wissen möchtest,
auch Fragen über dich selbst
kannst du ihm stellen,
Dinge, die dich beschäftigen,
vor denen du vielleicht Angst hast.
Frag den alten Mann.
Er kann dir Antwort geben
vielleicht jetzt sofort,
vielleicht auch erst später.
Vielleicht kommt seine Antwort
in dieser Nacht
im Traum zu dir,
oder in der nächsten Nacht.
Eine Antwort bekommst du bestimmt.
Du kannst ganz sicher sein.

Wenn du das Gefühl hast,
es ist Zeit,
wieder nach Hause zu gehen,
dann gib mir wieder
mit der Hand ein kleines Zeichen.

❤
❤
❤

Verabschiede dich nun
von dem alten Mann.
Bedanke dich bei ihm,
wenn du willst,
daß er dich
so freundlich aufgenommen hat.
Vielleicht sagt er dir,

du sollst ihn wieder einmal besuchen,
wenn du willst.

Draußen vor der Tür
wartet dein Helfertier
schon auf dich.
Es geleitet dich sicher
durch den dunklen Wald
zurück zu der Stelle,
an der du deine Reise begonnen hast.
Bedanke dich nun auch
bei diesem Tier dafür,
daß es dir
den Weg durch den Wald gezeigt hat.

♥

Langsam spürst du jetzt,
wie dein Körper wieder
ganz leicht wird.

Und du fühlst dich wohl
und kuschelig
und geschützt.
Und wenn du heute abend
eingeschlafen sein wirst,
dann träumst du vielleicht
von deinem Helfertier
dort draußen im Wald,
oder von dem freundlichen alten Mann,
der mitten im Wald wohnt
auf der Lichtung,
wo das Moos wächst
vor seinem Haus
und wo die Waldtiere
sich Gute Nacht sagen
und schlafen gehen

und sich zusammenkuscheln
in ihrem warmen Fell
und träumen,
wie du träumst,
von dem,
was sie
den ganzen Tag über
erlebt haben
dort draußen
im Wald.

❤

Wenn ich gleich bis drei zähle,
kommst du bitte
zurück aus deiner Entspannung.
Und du fühlst dich wieder
ganz leicht.

Ich zähle jetzt bis drei:

eins,

zwei

und drei!

Du bist jetzt
wieder hier
in deinem Zimmer.
Und du fühlst dich
frisch und frei
und ganz ruhig
und entspannt.

Und du kannst dich recken und strecken,
ganz wie es dir gefällt.

Einen Augenblick lang bist du allein in deiner Welt

Diese Fantasiereise mutet dem Kind einen Augenblick lang zu, das Alleinsein auszuhalten, ohne es dabei zu überfordern. Wichtig ist, das Alleinsein nicht nur gedanklich, sondern mit allen Sinnen zu erleben, die Einsamkeit zu hören, zu sehen, zu fühlen. Wer das Alleinsein aushält, kann die Geborgenheit in der Gemeinschaft bewußter leben und sich an ihr freuen.

Nicht umsonst forderten viele Indianerstämme ihre heranwachsenden Kinder auf, einige Nächte lang ganz allein in der Natur zuzubringen, ehe sie sie in die Welt der Erwachsenen aufnahmen. Solche Rituale fehlen in unserer modernen Gesellschaft. Deshalb ist ein bewußtes Ichsein in unserer Gesellschaft so schwer. Deshalb überwiegt bei uns so oft das Fremdbestimmtsein.

Entspanne dich zunächst wieder nach der Methode,
die du schon kennst (Seite 39).

♥
♥

Und nun stell dir bitte
dein Zimmer vor deinen Augen vor,
den Ort,
an dem du gerade bist.

Und wenn du das Bild hast,
dann geh in deiner Vorstellung
aus deinem Zimmer
hinaus in den Flur
und immer weiter.

Öffne die Haustür
und geh hinaus
zur Straße,

an der das Haus liegt,
in dem du wohnst.

Und wenn du
dort draußen angekommen bist,
schau dich genau um.
Du wirst dich vielleicht wundern,
denn du kennst die Straße genau,
weil du sie jeden Tag entlanggehst.
Aber heute ist etwas
ganz anders als sonst.

Noch weißt du nicht genau,
was es ist.
Aber irgend etwas
kommt dir ungewohnt vor.

Schau genau hin.
Und horche!

Ja,
das ist es.
Die gewohnten Geräusche der Autos fehlen.
Alles ist vollkommen still,
unheimlich still.

Da fährt kein einziges Auto,
kein Fahrrad,
kein Motorrad,
kein Moped,
kein Lastwagen.

Nicht einmal einen einzigen Fußgänger
siehst du.
Die Straße ist
wie ausgestorben,
menschenleer.

Du gehst hinüber
auf die andere Straßenseite,
ein paar Ecken weiter,
dorthin,
wo dein bester Freund
oder deine beste Freundin wohnt.

An der Haustür
drückst du
auf den Klingelknopf.
Du wartest.
Aber nichts rührt sich im Haus.
Du klopfst an die Tür.
Aber niemand öffnet dir.

Du gehst um das Haus.
Vielleicht kannst du
durch die Fenster
in die Wohnung hineinschauen.

Da ist niemand.
Alles ist wie ausgestorben.
Du bist allein
in deiner Welt.

Vielleicht ängstigt dich
dieses Alleinsein.
Ein wenig unheimlich ist es schon.
Versuch es trotzdem auszuhalten.
Du kannst das.
Denn du bist stark.

♥

Und plötzlich
kehrt jetzt

die ganze Lebendigkeit
deiner Welt zurück.

Die Autos fahren wieder.
Du hörst das Brummen der Motoren.
Bremsen quietschen
ab und zu.
Du hörst das Hupen.
Du siehst:
Auch die Busse fahren wieder
und die Fahrräder.
Fußgänger laufen auf dem Bürgersteig.
Du spürst den Atem
deiner Stadt.
Ganz gleich
ob es eine große
oder eine kleine Stadt ist:
Du fühlst das bunte Treiben.
Alles ist wie gewohnt.

Du klingelst noch einmal
an der Wohnung deines Freundes
oder deiner Freundin.
Die Tür öffnet sich
und...

Ich laß dich jetzt
wieder eine Weile allein
mit deinen Bildern.
Schau einfach hin.
Was auch immer geschieht,
es geschieht richtig so,
wie es geschieht.

Wenn du
genug erlebt hast,

gib mir einfach ein kleines Zeichen
mit deiner Hand.
Dann bin ich wieder bei dir.

❤
❤
❤

Langsam geht deine Reise
für heute zu Ende.
Geh bitte jetzt wieder zurück
zu dem Haus,
in dem du wohnst.
Drück auf den Klingelknopf
oder schließe die Tür auf,
ganz wie du das sonst immer tust.

Du bist jetzt wieder zu Hause.
Deine Eltern sind da,
deine Geschwister,
wenn du welche hast.
Alles ist
wie sonst auch.

Alle freuen sich,
daß du wieder da bist.
Der Tisch
ist schon gedeckt.
Es gibt
etwas Schönes zu essen,
etwas, das du besonders gern magst.
Ein herrlicher Duft nach Essen
zieht schon durch die Wohnung.

Und dann sitzen alle beisammen
am Tisch.
Das Essen schmeckt herrlich.

Ihr unterhaltet euch.
Du genießt das alles.

Und ganz allmählich
kommst du jetzt
zurück aus deiner Entspannung.
Und du fühlst dich wohl
und rundum satt
und zufrieden
und gestärkt
und
vielleicht auch ein wenig glücklich.

Dein Körper
wird jetzt wieder ganz leicht.

Ich zähle jetzt wieder bis drei:

eins,

zwei

und drei!

Du bist jetzt wieder hier
in deinem Zimmer.
Reck dich
und streck dich,
wenn dir danach zumute ist,
ganz wie es dir gefällt.

Der Wind sein

Diese Übung eignet sich besonders, um den Kontakt zu den Kräften der Natur neu zu beleben und daraus Kraft zu schöpfen. Wer mit der Natur voll in Einklang lebt, ist nicht länger ein Opfer der Hektik und des Stresses der modernen Zivilisation, sondern empfindet sich selbst als Teil der kosmischen Ordnung. Aus der starken Verbindung mit den Kräften der Natur erwächst Gelassenheit, oftmals auch eine nie zuvor gekannte Ruhe.

Uns modernen Menschen droht die Verbindung zu den Kraftquellen der Natur manchmal verlorenzugehen. Meditative Übungen zu den vier Elementen der Natur, Feuer, Wasser, Luft und Erde, sind deshalb besonders wichtig, um uns diese unerschöpfliche Kraftquelle neu zu öffnen.

Der Wind verkörpert in der Natur die Bewegung. Auf die Psyche übertragen, bedeutet Bewegung Weiterentwicklung. Wo kein Wind aufkommt, herrscht Stillstand, nichts bewegt sich. Stillstand ist Starre. Er verhindert die Weiterentwicklung der Persönlichkeit.

Die Windmeditation eignet sich, solche Blockaden aufzulösen.

Entspann dich bitte jetzt wieder so,
wie du das schon kennst
und wie du das
bei allen Reisen
in das Land der Fantasie tust,
die du in diesem Buch findest
(Seite 39).

Du spürst jetzt,
wie dein Körper
ganz schwer wird
und ganz warm
und ganz ruhig.

♥

Du bist tief entspannt.

Und nun stell dir bitte vor deinen Augen vor:
Du bist draußen in der Natur,
irgendwo
an einem Ort,
den du sehr gern magst.
Du fühlst dich sehr, sehr wohl
an diesem Ort.
Er ist dein Lieblingsort
in der Natur.

Es kann sein,
daß dein Lieblingsort
auf einer Wiese liegt
unter einem Baum vielleicht,
oder im Wald,
an einem Bach
oder an einem See
oder sogar am Meer.

Such dir
deinen Ort!

Dieser Ort
ist dir sehr vertraut,
und du fühlst dich dort
vollkommen sicher
und geborgen.

♥

Du hast es dir
an deinem Lieblingsplatz

bequem gemacht.
Und nun spürst du,
wie ein Windhauch
ganz sanft,
ganz leise,
ganz zärtlich
um dich weht,
so zart,
als ob dich
dieser Windhauch streichelt.

Du spürst diesen Wind
deutlich auf deiner Haut.
Das ist sehr angenehm.
Du magst dieses Streicheln.

Und dann ist es,
als ob dieser Windhauch
nicht nur deine Haut berührt,
sondern ganz
durch dich hindurchgeht.

Es ist ein wunderbares Gefühl
von Leichtigkeit,
von Offenheit
und von Freiheit,
das du spürst.

Du bist jetzt
selbst dieser Wind.

Und du gleitest frei dahin.
Du fährst durch die Blätter der Bäume.
Du bewegst die Getreidehalme
auf den Feldern
und die Grashalme
auf den Wiesen.

Du wehst über das Land
und über das Wasser.
Du streichst
über die Körper
der Tiere
und der Menschen hinweg,
ganz sanft
und ganz zärtlich.

Als heißer Wind
durchquerst du die Wüste.

Und als angenehm kühler Wind
flüsterst du dein Lied
den Menschen zu,
die auf einer Insel
am Strand träumen.

♥

Und jetzt fühlst du dich
als ein mächtiger Wind.

Du fängst an zu wirbeln.
Du wirbelst immer mehr.
Du spürst die gewaltige Kraft,
die in dir ist.
Über ganze Länder,
Meere und Kontinente
fegst du hinweg.

Bis du dich
endlich ausgetobt hast.

♥

Du wirst jetzt wieder langsam
und sanft

und zärtlich.
Und vielleicht bist du
ein wenig müde
von deiner langen Reise.

Laß dich nieder
an deinem Lieblingsort,
an dem du
deine Reise begonnen hast.
Ruh dich
ein wenig aus.

❤

Du kehrst jetzt
wieder zurück
in deinen menschlichen Körper.
Du bist wieder du,
wie du sonst bist.

Dein Körper
wird jetzt wieder ganz leicht.
Und wenn ich gleich
bis drei zähle,
dann kommst du bitte
wieder zurück aus deiner Entspannung,
und du fühlst dich frisch und frei.

Ich zähle jetzt bis drei:

eins,

zwei

und drei!

Und zurückkommen bitte!

Wurzeln schlagen wie ein Baum

Seit uralter Zeit sehen die Naturvölker die Kraft der Erde als weiblich-mütterliche Quelle der Lebensenergie an. Im Gegensatz dazu gilt die kosmische Himmelsenergie eher als väterlich-männliche. Beide Energiequalitäten brauchen wir, Yin und Yang, wie die traditionelle chinesische Medizin seit etwa 4000 bis 6000 Jahren weiß. Sie erreicht damit Heilerfolge, die sich neben der modernen westlichen chemo-technisch orientierten Schulmedizin keineswegs zu verstecken brauchen. Gesund sind wir, wenn beide Energieformen ungehindert, ohne Blockaden, durch unseren Körper fließen können und wenn Ausgeglichenheit zwischen ihnen beiden herrscht. Diese Harmonie besteht, wenn keine der beiden Energieformen überwiegt.

Die Erd-Übung hilft, den Zugang zur mütterlichen Energie der Erde neu zu gewinnen, wo er verschüttet ist. Sie setzt Heilenergie und Lebenskraft frei und gibt Ausgeglichenheit und innere Ruhe.

Entspann dich nun bitte wieder nach der Methode,
die du schon kennst (Seite 39).

♥

Du bist jetzt tief entspannt
und ganz ruhig
und ganz warm
und ganz schwer.

Und nun geh bitte
in deiner Vorstellung
wie ein Baum
mit deinen Wurzeln
nach unten

durch den Fußboden des Raumes,
in dem du gerade bist,
gehst du
immer weiter hinunter.

Wenn unter dir
noch ein Raum ist,
dann gehst du auch
durch diesen Raum
und durch den Boden darunter,
immer tiefer.

Wenn dort unten ein Keller ist,
gehst du in deiner Vorstellung
noch tiefer
durch den Boden des Kellers,

bis du
in der Erde ankommst.

Und wie ein Baum seine Wurzeln
in die Erde hineinwachsen läßt,
so gehst auch du jetzt
mit deinen Wurzeln immer tiefer
in die Erde hinein.
Nach unten
und nach allen Seiten
breiten sich deine Wurzeln aus.

Immer tiefer
und tiefer
gehst du
in die Erde hinein.

Und du spürst dabei deutlich,
wie angenehm sich
diese Erde anfühlt.

❤

Du bist
ein Baum,
der seine Kraft
aus der Erde bekommt.

Und du spürst,
wie diese Kraft
durch deine Wurzeln
langsam aufsteigt.

Stell dir vor deinen Augen
eine Farbe vor,
die diese Kraft hat,
die jetzt langsam
aus der Erde
aufsteigt.

Immer höher
und höher
steigt sie
in deinen Wurzeln auf.

Bis in deinen Körper hinein
steigt sie:

Durch die Füße
strömt diese Kraft
angenehm warm
die Beine aufwärts

in den Bauch,

durch den Brustraum,

die Arme,

in den Kopf

und von dort aus
in die Luft.

Du spürst diese Kraft
ganz deutlich,
wie sie in deinem Körper aufsteigt,
wunderbar warm
und wohlig.

Und du genießt
diese mütterliche Kraft der Erde,
die sich jetzt
in deinem ganzen Körper
immer weiter ausbreitet.

❤

Und du nimmst von dieser Kraft
so viel auf,
wie du brauchen kannst.

Wenn du das Gefühl hast,
daß du genug
von dieser Kraft der Erde
aufgenommen hast,
dann gib mir bitte
ein kleines Zeichen
mit deiner Hand.

❤

Du fühlst dich jetzt
angenehm warm

und voll von dieser heilenden,
wohlig warmen
mütterlichen Kraft
der Erde.

Und langsam
spürst du jetzt,
wie dein Körper
wieder ganz leicht wird.

Und wenn ich gleich bis drei zähle,
dann kommst du bitte wieder zurück
aus deiner Entspannung.

Und du fühlst dich wieder
frisch und frei
und gesund
und voll Ruhe
und voll Kraft.

Ich zähle jetzt bis drei:

eins,

zwei

und drei!

Und zurückkommen bitte!

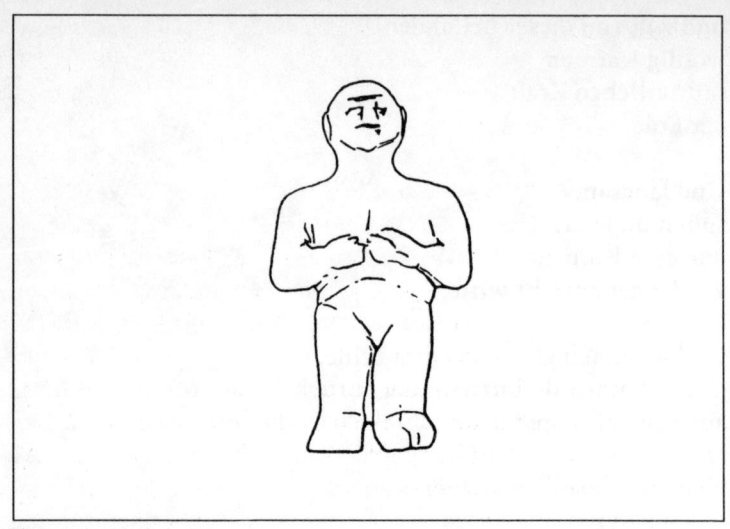

Abbildung I: 6000 bis 7000 Jahre alte Figur in Bärenhaltung. Fundort: Kreta

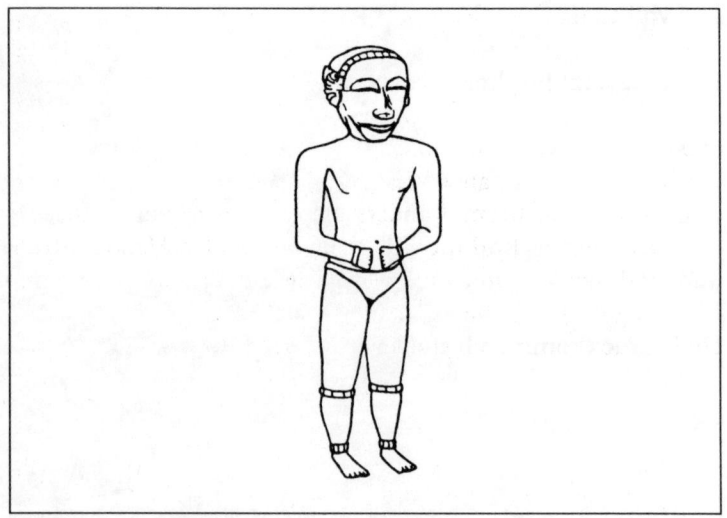

Abbildung II: Aus Südamerika stammende Figur in Bärenhaltung – aus der Zeit vor der Entdeckung Amerikas durch Kolumbus.

5 *Mut / Kraft*

Die Kraft des Bären bekommen

Diese Übung ist sehr alt. Bei den Naturvölkern in vielen Gegenden der Erde hat man sie seit Jahrtausenden angewendet, um mit der Kraft des Bären in Kontakt zu kommen. Forscher aus aller Welt fanden religiöse Darstellungen aus den unterschiedlichsten Epochen, die immer wieder Menschen in der typischen Bärenhaltung abbilden (Abbildungen auf Seite 132).

Sie ist eine Heilübung und stärkt die körpereigene Abwehrkraft bei allen möglichen Krankheiten. Aber auch gesunden Menschen hilft sie bei zuviel Streß, bei Unsicherheit, Selbstzweifel und bei Leistungsschwächen. Sie stärkt das Selbstwertgefühl und gibt Kindern wie Erwachsenen die Kraft, mit den vielfältigen Anforderungen des Alltags besser fertig zu werden.

Setz dich oder leg dich nun bitte wieder ganz gemütlich hin, so daß du es eine ganze Weile lang bequem aushalten kannst. Nur etwas ist diesmal anders als sonst bei deinen Entspannungsübungen: Roll die Finger deiner beiden Hände bitte so ein, daß deine Hände aussehen wie die Tatzen eines Bären! Und leg beide Hände auf deinen Bauch!

Und nun entspann dich wieder nach der Methode, die du schon kennst (Seite 39).

❤
❤

Du bist jetzt tief entspannt.
Stell dir nun bitte vor deinen Augen vor:
Du bist im Wald.

Ein schmaler Weg
führt tiefer hinein
in den Wald.
Und du gehst diesen Weg
immer weiter,
immer tiefer in den Wald hinein.
Und du fühlst dich
ganz ruhig und entspannt dabei.

♥

Und irgendwann
siehst du da einen Baum.
Es ist ein ganz besonderer Baum.
Er ist uralt.
Und er hat einen dicken Stamm
und knorrige Äste.

Schau ihn dir genau an!
Der Baumstamm ist hohl.
Da ist ein großes Loch
in dem Stamm,
eine Höhle.
Schau genau hin.

Du kannst mit den Händen hineinfassen
oder hineinschauen
in diese Höhle
oder den Kopf hineinstecken,
ganz wie du willst.
Probier es einfach aus.

♥

Wenn du genauer hinschaust,
dann erkennst du jetzt schon viel genauer,
wie es in der Baumhöhle aussieht.

Es scheint darin ganz gemütlich zu sein,
weich und mit Moos ausgepolstert.
Und wenn du Lust hast,
dann klettere einfach ganz hinein
in diese Höhle im Baum.

Mach es dir bequem darin.
Der alte Baum schützt dich rundum.
Du kannst dich wohlfühlen
und geborgen
wie ein Tier
in seiner Höhle.

Ein dickes Fell wärmt dich.
Selbst wenn es draußen kalt wird
und regnet
und schneit:
Du bist ganz warm
und geborgen
und geschützt
in deiner Baumhöhle
mit deinem Bärenfell,
und du fühlst dich richtig wohl darin.

Du bist ein Bär,
der hier seinen Winterschlaf hält.
Du kuschelst dich richtig bequem
in deine Höhle.
So kannst du es aushalten.
Ganz gleich,
ob es draußen Tag ist
oder Nacht,
ob es draußen stürmt
oder regnet
oder hagelt
oder schneit:
Dir kann nichts geschehen.

Du bist sicher
in deiner Höhle.
Du hältst hier deinen Winterschlaf.

Du spürst jetzt,
wie müde du bist.
Und vielleicht schläfst du jetzt ein.
Und du träumst
einen Traum,
einen Traum,
wie ihn nur Bären träumen können:
einen Bärentraum.
Vielleicht gehst du
in deinem Bärentraum
auf die Jagd.
Oder du streifst
durch die Wälder,
einfach so.
Du kennst den Wald sehr genau.
Es ist dein Wald.
Du bist hier zu Hause.

Vielleicht findest du Honig
in einem Baumstamm
in deinemTraum.
Oder du triffst andere Tiere,
die du gut kennst.
Wer weiß,
was da alles geschieht
und was du alles erlebst.

Was auch immer geschieht,
es geschieht richtig so.
Schau einfach nur genau hin
auf die Bilder,
die du erlebst.

Ich laß dich jetzt
für eine Weile allein
mit deinen Bildern.
Und wenn dein Traum beendet ist,
dann gib mir bitte einfach
ein kleines Zeichen mit deiner Hand.
Dann werde ich wieder bei dir sein.

❤
❤
❤

Dein Winterschlaf
ist jetzt beendet.
Du blinzelst vielleicht
mit deinen Augen
aus deiner Bärenhöhle heraus.

Es ist hell geworden dort draußen.
Die Sonne scheint angenehm warm
durch die Zweige
auf dein Gesicht.

Und langsam kletterst du heraus
aus deiner Baumhöhle.
Und du reckst dich
und streckst dich
und brummst vielleicht noch ein wenig,
so wie Bären eben brummen.

Und dann ziehst du dein Bärenfell aus.
Und du bist wieder ein Mensch,
der Mensch,
der du warst,
eh' du dich
in einen Bären verwandelt hast.

Dein Körper
wird jetzt wieder ganz leicht.

Und wenn ich gleich
bis drei zähle,
dann kommst du
bitte wieder zurück aus deiner Entspannung.

Und du fühlst dich frisch und frei
und gesund
und voll von dieser ganz besonderen Kraft,
wie sie außer dir
eben nur ein Bär hat.

Ich zähle jetzt bis drei:

eins,

zwei

und drei!

Und zurückkommen bitte!

In eine Höhle gehen

Bei den alten Naturvölkern galten Höhlen als Öffnungen der Mutter Erde, durch die man Kontakt mit ihr aufnehmen konnte. Kein Zufall, daß sich bei Ausgrabungen besonders häufig Überreste alter religiöser Kulte in Höhlen finden.

In der Symbolsprache der Träume – und ebenso der Fantasiereisen – drückt sich in dem Gang durch eine Höhle oftmals der Vorgang der eigenen Geburt aus. Wer ihn symbolisch noch einmal erlebt, fühlt sich danach befreiter und kann sein Leben kraftvoller annehmen.

Aber der Gang durch eine Fantasiehöhle muß keineswegs immer als ein Wiederholen des Geburtsvorgangs zu deuten sein. Manchmal ist die Höhle einfach ein Ort der Geborgenheit und des Schutzes, in dem Wachstum und persönliche Entwicklung ungestört geschehen können.

Noch viele andere Deutungen der Fantasiereise in eine Höhle sind denkbar. Besser als jeder Versuch, den Sinn der Bilder mit dem Verstand zu ergründen, ist es in jedem Falle, einfach hinzuschauen und die eigenen Bilder ohne zu werten als ein Geschenk unseres Unbewußten anzunehmen. Denn das sind sie in der Tat.

Entspann dich bitte zuerst wieder so,
wie du es schon kennst (Seite 39).

❤

Du bist jetzt wieder
ganz ruhig
und ganz warm
und ganz schwer.

Und nun stell dir bitte
vor deinen Augen
den Eingang einer Höhle vor.

Es kann sein,
daß dieser Eingang ein wenig verdeckt ist
durch Zweige oder Geäst.

Vielleicht liegt die Höhle
an einem Berghang
oder irgendwo im Wald.
Du wirst sie finden.

❤

Und wenn du
deine Höhle gefunden hast
und du stehst vor dem Höhleneingang,
dann schau dich dort
erst einmal genau um.

Vielleicht müssen sich deine Augen
ein wenig an das Dunkel gewöhnen.

Irgendwo
gleich in der Nähe des Eingangs
stecken Fackeln
in einer Halterung an der Wand.

Nimm dir ein paar davon.
Und zünde eine Fackel an.
Die anderen nimmst du
als Reserve mit hinein in die Höhle.

Jetzt erkennst du das Innere der Höhle
schon viel besser.
Geh tiefer hinein
in diese Höhle.

Die Wände sind aus Stein,

dunkel und feucht
scheinen sie zu sein.

Vielleicht hörst du auch,
wie Wasser von der Decke herabtropft.

Es kann sein,
daß du irgendwo dort hinten,
weiter von dir entfernt,
im Halbdunkel
ein merkwürdig huschendes Geräusch hörst,
oder daß du
im Halbdunkel
sogar ein paar Fledermäuse flattern siehst.

Aber das stört dich nicht weiter.

Du gehst tiefer in die Höhle hinein,
immer tiefer.

Du hörst das Geräusch deiner eigenen Schritte.
Es hallt von den Felswänden zurück.

Du bist hier ganz allein.
Und du gehst immer tiefer.

Der Gang wird allmählich enger.
Vielleicht mußt du dich bücken,
um weiter voranzukommen.

Auch kommt es dir so vor,
als ob es immer wärmer wird,
je tiefer du in die Höhle hineingehst.
Der Boden ist glitschig.
Der Gang wird noch enger.

Es kann sein, daß du ein Stück weit
auf den Knien rutschen mußt.
Probier es aus,
wie du am besten vorankommst.

An einigen Stellen zweigen
von dem Hauptgang andere Gänge
nach den Seiten hin ab.
Schau hinein,
wenn du magst.

Aber am besten folgst du
weiter dem Hauptgang.

♥

Ganz allmählich wird der Gang
wieder breiter.

Und dann plötzlich
öffnet sich vor dir
eine riesig große Höhle.

Licht scheint
in diese Höhle.
Aber du kannst nicht erkennen,
woher es kommt.

Das Licht taucht die ganze Höhle
in ein geheimnisvolles Halbdunkel.

An den Wänden glitzern und funkeln
wunderschöne Steine.

Und in der Mitte der Höhle
siehst du einen See.

Das Wasser ist ganz klar
und vollkommen ruhig.

Du kannst dich
über das Wasser beugen,
wenn du willst.
Vielleicht siehst du darin
dein eigenes Spiegelbild.
Schau genau hin.

♥

Tauch deine Hand hinein,
wenn du magst.

Vielleicht kannst du auch
von dem Wasser trinken.
Probier es.

♥
♥

Langsam
verläßt du jetzt
die Höhle.

Und du gehst den gleichen Weg
wieder zurück,
durch den engen Gang,
durch den du
hierher gekommen bist,
bis du
den Höhleneingang
wieder vor dir siehst.

♥

Und wenn du am Eingang
wieder angekommen bist,
dann genießt du,
wenn du willst,
noch einen Augenblick lang
das Tageslicht.

Und du atmest
die wundervoll klare Luft
hier draußen
tief ein.

Und langsam
spürst du jetzt,
wie dein Körper
wieder ganz leicht wird.

Und wenn ich gleich bis drei zähle,
dann kommst du bitte wieder zurück
aus deiner Entspannung.
Und du fühlst dich frisch
und frei.

Ich zähle jetzt bis drei:

eins,

zwei

und drei!

Und zurückkommen bitte!

Der Thronsaal tief im Berg

Diese zweite Fantasiereise in eine Höhle baut auf der ersten
auf. Es ist also gut, mit der ersten Höhlenreise zu beginnen
und dann ein paar Tage später zum zweitenmal in die Höhle
zu gehen. Obwohl das Thema das gleiche ist, geht es bei dieser zweiten Reise um völlig andere Erlebnisse.

Entspann dich bitte zuerst wieder,
so wie du das schon kennst (Seite 39).

♥

Du bist jetzt
ganz ruhig
und ganz schwer
und ganz warm.

Stell dir nun bitte
wieder das Bild der Höhle
vor deinen Augen vor.

♥

Und wenn du das Bild hast,
dann geh bitte
wieder hinein in die Höhle.
Schau genau hin,
ob sich irgend etwas
hier verändert hat,
seit du das letzte Mal hier warst.

Nimm dir wieder Fackeln mit
aus der Halterung an der Höhlenwand.
Und zünde eine von ihnen an,
damit du deinen Weg besser erkennst.

Und dann geh wieder hinein
in die Höhle –
immer tiefer,

bis du an eine Stelle kommst,
an der ein Seitengang abzweigt
von dem Hauptgang,
den du schon kennst.

Geh diesen Seitengang entlang.

Es kann sein,
daß hier manches
ganz anders aussieht
als in dem Teil der Höhle,
den du schon kennst.

Geh einfach weiter,
immer tiefer
in diesem Seitengang
in die Höhle hinein,

bis du
im Hintergrund
irgendwo
den Eingang zu einem Gewölbe findest.

Dieser Eingang
steht dir offen.

Rötlich-gelbes Licht
scheint durch die Tor-Öffnung.

Du gehst durch dieses Tor hindurch.

Und du stehst jetzt
in einem kreisrunden Raum.

Er ist kleiner als die Halle mit dem See,
die du schon kennst,
viel kleiner.

Schau dich um
in diesem Raum.

Und vielleicht siehst du
seltsame Zeichen an den Wänden,
wie du sie noch nie zuvor gesehen hast.
Du verstehst ihren Sinn nicht sofort.

Schau genau hin.
Vielleicht kommt dir
das eine oder andere Zeichen bekannt vor.

Vielleicht kannst du doch
einen Sinn
in einigen dieser Zeichen erkennen.
Schau sie dir einfach genau an.

❤

Mitten im Raum
siehst du jetzt vielleicht
diesen schweren, uralten Holztisch.

Um ihn herum
stehen gewaltige Sessel aus Holz.

Am Ende der Tafel
erkennst du
in dem warmen Halbdunkel dieses Raumes
einen Sessel mit besonders hoher Lehne.

Wie ein Königsthron sieht er aus.

Er ist mit Edelsteinen besetzt.

Setz dich hinein in diesen Sessel,
wenn du magst.

Und wenn du dir
eine Weile Zeit läßt,
kannst du vielleicht spüren,
wie du dich in diesem Sessel fühlst.

❤

Wenn du ein wenig Geduld hast,
spürst du vielleicht auch,
wer vor langer langer Zeit
auf diesem Stuhl gesessen hat.

Und vielleicht kannst du sogar spüren,
wer damals
vor vielen vielen Jahren
auf den anderen Stühlen gesessen hat.

❤

Es kann sogar sein,
daß du ein paar Wortfetzen von dem hörst,
was damals hier unten
in dieser Höhle
gesprochen wurde.
Hör genau hin.

❤

Vielleicht hörst du
auch nur die Stille hier unten
oder seltsame Geräusche.

Was auch immer geschieht,
es geschieht richtig so.

Ich laß dich jetzt
eine Weile allein hier
in deiner Höhle.

Und wenn du
genug gesehen
und gehört
und gespürt hast,
dann gib mir bitte wieder
ein kleines Zeichen
mit der Hand.

❤
❤
❤

Langsam
nimmst du jetzt Abschied
von diesem Raum.

Und du gehst den gleichen Weg
wieder zurück,
den du gekommen bist.

Du gehst zurück,
bis du wieder an die Stelle kommst,
wo der Seitengang,
den du gegangen bist,
abzweigt
von dem Hauptgang.

Du gehst jetzt
diesen Hauptgang zurück,

bis du den Eingang der Höhle
wieder vor dir siehst.

❤

Und wenn du wieder
am Eingang der Höhle angekommen bist,
dann freust du dich,
wenn du willst,
wieder einen Augenblick lang
an dem klaren Tageslicht.

Und du atmest wieder
die wundervoll klare Luft
hier draußen
tief ein.

Langsam spürst du jetzt
wie dein Körper
wieder ganz leicht wird.

Und wenn ich gleich bis drei zähle,
dann kommst du bitte wieder zurück
aus deiner Entspannung.
Und du fühlst dich frisch
und frei.

Ich zähle jetzt bis drei:

eins,

zwei

und drei!

Und zurückkommen bitte!

In einen alten Brunnen hinabsteigen

Für die Menschen früherer Zeiten waren Brunnen lebenswichtig. Sie rechtzeitig auf der Reise zu finden, konnte über Leben und Tod entscheiden. Siedlungen, Reisewege, die Bewirtschaftung von Ländereien – das alles hing vom Vorhandensein zuverlässiger Brunnen ab.

Unsere Kinder kennen kaum noch Brunnen. Für sie ist Wasser zum selbstverständlich verfügbaren Element geworden. Doch in den Träumen der Menschen unserer Zeit hat der Brunnen noch immer die alte Bedeutung. Er enthält oft Lebenswasser. Das ist psychische Energie. In seiner Tiefe verbirgt sich manchmal Geheimnisvolles.

In den alten Märchen und Mythen bedeutet das Hinabsteigen in einen Brunnen häufig den Zugang zum Unbewußten und zu Quellen tiefer Erkenntnis. Das Bild des Brunnens symbolisiert den Urschoß der Mutter Erde und damit alles Lebendigen. Brunnen sind im Märchen häufig Orte, von denen aus man in ein jenseitiges Land gelangen kann. Zu Frau Holle zum Beispiel kommt man durch einen Brunnen.

In dem Grimm-Märchen vom Eisenhans ist der Brunnen ein Ort des Tabus. Der Goldbrunnen ist dort „hell und klar wie Kristall". Und nichts darf hineinfallen, was natürlich doch geschieht. Denn Tabus verlieren irgendwann in unserem Leben ihre Bedeutung. Sie hindern dann eher das Heranwachsen eines jungen Menschen.

Auch im Märchen vom Froschkönig ist der Brunnen ein Ort der Wandlung. In ihm verborgen wohnen entscheidende Helfer auf dem Weg zum Erwachsenwerden.

Entspann dich jetzt bitte wieder so,
wie du es schon kennst (Seite 39).

Du bist jetzt wieder
ganz ruhig

und ganz warm
und ganz schwer.

♥

Und nun stell dir bitte
das Bild eines Brunnens vor.

Es kann sein,
daß du
einen sehr alten Brunnen siehst
mit einer Steinmauer rundherum.

Vielleicht ist da auch noch ein Seil,
an dem man früher den Eimer hinunterließ,
um Wasser zu schöpfen.

Schau hinein
in den Brunnen.

Er scheint sehr tief zu sein.

Vielleicht kannst du
die Wasserfläche erkennen
irgendwo ganz tief unten.
Aber vielleicht
ist der Brunnen auch so tief,
daß du kein Wasser siehst.

Schau dir die Wand des Brunnens
von innen einmal näher an.
Irgendwo
sind dort Haken aus Eisen angebracht.
An ihnen kann man
in den Brunnen hinuntersteigen.
Probier es!
Dir wird nichts geschehen.

Immer tiefer
steigst du jetzt
in den Brunnen.

Die Wände sind feucht
und glitschig vielleicht.
Aber die Eisenhaken halten dich.
An ihnen kletterst du
immer tiefer
und tiefer
in den Brunnen.

Es kann sein,
daß du
irgendwann
das Wasser erreichst.

Aber vielleicht kletterst du
noch tiefer,
immer tiefer
und tiefer.

Dein Weg
hinab in den Brunnen
führt unvorstellbar tief
hinein in die Erde.

Irgendwann,
wenn du tief genug geklettert bist,
scheint sich der Brunnen
zu verändern.

Die Wände werden weiter.
Es wird heller um dich herum.
Du siehst Licht,
ein wunderbar helles Licht
umgibt dich von allen Seiten.

Du kannst
nicht genau erkennen,
woher dieses Licht kommt.
Aber es ist
ein sehr angenehmes, warmes Licht,
das dich ganz und gar einhüllt.
Du fühlst dich
wunderbar wohl
und geborgen in diesem Licht.

Du bist
in einem anderen Land angekommen,
in einer ganz anderen Welt,
die du noch niemals zuvor
in deinem Leben gesehen hast.

Alles sieht hier anders aus,
als du es kennst.
Schau dich um!
Es ist eine fantastische Welt,
die du um dich herum erlebst.
Sie ist voll von Wunderbarem.

Du bist
in einem Märchenland.
Hier ist alles möglich,
was in unserer gewöhnlichen Welt
unmöglich ist.

Es kann sein,
daß du hier Dinge erlebst,
die du niemals
für denkbar gehalten hättest.

Du kannst hingehen,
wohin du gehen willst
in dieser Welt.

Alles
ist hier erlebbar.

Ich lasse dich jetzt
für eine Weile allein.
Und wenn du
genug gesehen hast,
dann gib mir bitte wieder
ein kleines Zeichen
mit der Hand.

❤
❤
❤

Langsam gehst du jetzt
wieder zurück
zu der Öffnung,
durch die du
in diese fantastische Welt gekommen bist.

Du findest den Brunnen wieder.
Und du kletterst
an den Eisenhaken
wieder hinauf,
bis du wieder
an der Erdoberfläche ankommst,
dort wo du deine Reise
begonnen hast.

Du steigst über den Brunnenrand.
Und du bist jetzt wieder
in deiner Welt,
in der du immer lebst
und die du kennst.

Dein Körper wird jetzt
wieder ganz leicht.

Und wenn ich gleich
bis drei zähle,
dann kommst du wieder zurück
aus deiner Entspannung
und du fühlst dich frisch und wohl.

Ich zähl jetzt bis drei:

eins,

zwei

und drei!

Und zurückkommen bitte!

Literaturhinweise

Weitere Bücher des Autors zum Thema Träume

Harnisch, Günter: Das große Traumlexikon. Über 1500 Traumsymbole von A bis Z psychologisch gedeutet, 6. Auflage, Freiburg, Basel, Wien 1996

Harnisch, Günter: Die Botschaft der Angstträume – Was sie uns sagen – wie wir sie verstehen – wie sie uns helfen, Freiburg, Basel, Wien 1997

Harnisch, Günter: Was Kinderträume sagen. Traumbilder verstehen, deuten, gestalten – Mit einem Lexikon der Traumsymbole, Freiburg, Basel, Wien 1995

Phantasiereisen für Kinder

Norbert Gürtler/Doro Kammerer
Stillwerden und entspannen
Übungen und Vorlesegeschichten zum
Autogenen Training für Kinder
Band 4671

Kinder brauchen in der Hektik ihrer Alltagswelt Ruhe und Gelassenheit. Diese Ruheübungen und Phantasiereisen vermitteln Kindern wie von selbst die Kraft der guten und mutigen Gedanken.

Theo Schoenaker/Britta Seeler-Kreimeyer (Hrsg.)
Die Antwortfee und andere Ermutigungsgeschichten
Märchen und Geschichten nach Rudolf Dreikurs
Band 4647

Kinder brauchen oft nur eine kleine Ermutigung, um sich neuen Aufgaben zu stellen oder Probleme zu lösen. Geschichten, die Kindern Mut und Vertrauen in die eigenen Fäheigkeiten schenken.

Karin Dörner
Auf einmal geht alles wie von selbst
Vorlesegeschichten zum Trösten und Mutmachen
Band 4553

Kinderseelen sind verletzlich. Geschichten zum Vorlesen, die auf die Ängste und Unsicherheiten eingehen, die Kinder erleben.

Helga Hoff
Märchen geben Kindern Mut
Ein Buch zum Vorlesen, Malen, Spielen
Band 4385

Die kompetente Pädagogin lädt mit ihren Spielmärchen Kinder ein, der verunsichernden – weil für sie unverständlichen – Welt zu entkommen.

Karin Dörner/Christiane Nebel/Alexander Redlich
Geschichten für gestreßte Kinder
Vorlesegeschichten zum Entspannen und Mutigwerden
Band 4362

Im Miterleben dieser Abenteuer- und Alltagsgeschichten lernen Kinder, wie sie sich entspannen und mutig an ihre Probleme herangehen können.

HERDER / SPEKTRUM

Lernen macht Spaß

Marianne Scholl
Spaß beim Lernen
Bessere Konzentration mit Yoga und Kinesiologie
Band 4681
Einfache Bewegungen bringen das Denken und die Konzentration
in Fluß. Damit macht das Lernen Spaß.

Sabine Seyffert
Entspannte Kinder lernen besser
Vor dem Lernen erst den Streß beseitigen –
Übungen, Geschichten, Tips
Band 4637
Konzentrationsschwierigkeiten, Ängste, ungelöste Konflikte sind
die häufigsten Auslöser von Lernproblemen. Entspannungsübungen,
die Spaß machen und Kindern helfen, besser zu lernen.

Maria Montessori
Wie Kinder zu Konzentration und Stille finden
Hrsg. von Ingeborg Becker-Textor
Band 4597
Elementar, tief und praktisch: Übungen, die Kindern helfen, sich zu
konzentrieren und die positive Wirkung der Stille zu erleben.

Christina Buchner
Kluge Kinder fallen nicht vom Himmel
Was Eltern alles tun können
Band 4573
Was zu welchem Zeitpunkt wichtig und richtig ist, zeigt Christina
Buchner an vielen praktischen Beispielen, Tips und Übungen.

Ingeborg Becker-Textor
Was in Kindern alles steckt
Begabungen entdecken und fördern –
Anleitungen nach Maria Montessori
Band 4561
Ein praktischer Ratgeber.

HERDER ⁄ SPEKTRUM

Patricia Aden
Autogenes Training mit Kindern und Jugendlichen
Ein praktischer Leitfaden für Eltern und Erziehende
Band 4512

Wie Kinder seelischen Streß und auch körperliches Unbehagen
bewältigen und das Gelernte in den Alltag mitnehmen können.

Heiner Barz
Kindgemäßes Lernen
Was die Waldorfschule anders macht
Band 4466

Kreatives Lernen, das den Kindern Freude macht: Der Erziehungs-
wissenschaftler und ausgebildete Waldorflehrer Heiner Barz erklärt
das Konzept der Waldorfschule.

Maria Montessori
Lernen ohne Druck
Schöpferisches Lernen in Familie und Schule
Band 4371

Ein Buch, das zeigt, wie Kinder selbst entscheiden und gut voran-
kommen können.

Edith-Maria Soremba
Legasthenie muß kein Schicksal sein
Was Eltern tun können, um ihren Kindern zu helfen
Band 4350

Schreib- und Leseschwächen sind häufig die Ursache für Versagen in der
Schule. Hier wird gezeigt, wie man das angeschlagene Selbstbewußtsein
des Kindes aufbauen kann, damit es wieder Spaß am Lernen gewinnt.

Maria Montessori
Kinder lernen schöpferisch
Die Grundgedanken für den Erziehungsalltag
mit Kleinkindern
Band 4262

Vom Kind aus denken! Dieser Ansatz der Pädagogin und Begründerin
der Montessori-Schule hilft Eltern, Kinder als eigenständige Individuen
zu fördern.

HERDER / SPEKTRUM